東大生が教える 1万円からの あんぜん投資入門

宝島社

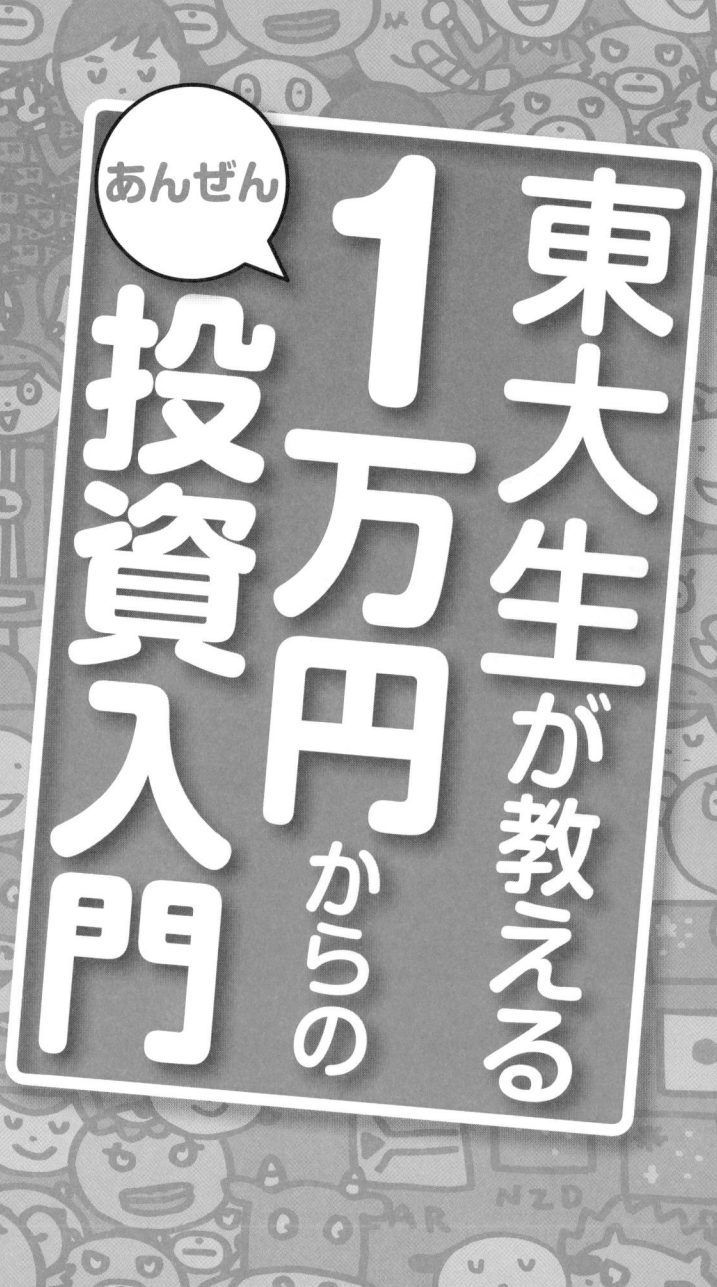

まえがき

みなさんはじめまして、森田徹と申します。

僕は東京大学経済学部の3年生で、東大のサークルの一つである株式投資クラブ「Agents」に所属しています。昨年は日興アセットマネジメント主催の運用シミュレーションコンペ「投信王」で、**3ヶ月の利益率34.53パーセント**で優勝させていただきました。

リーマンショックの最中、参加者の多くはマイナス運用だったので、この数字にはみなさんから結構、驚いていただけたようでした（参加者は2,358人でした）。

もちろん、僕も昔からこうだったわけではありません。

僕が株式投資の世界に足を踏み入れたのは中学生のときでした。

最初に手にしたのは“かんたんに儲かる”ことを売りにした本で、そこには、

「株はその会社が倒産さえしなければ原理的に絶対に儲かるのだから、ある製品が欲しいと思ったらその会社の株を買ってみなさい」

と書いてありました。

「欲しい製品を作るような企業は、きっと良い企業に違いない」ということでしょう。

当時からMacが大好きだった僕は、何も疑うことなく2,000ドルをApple株を中心としたテクノロジー関連株に突っ込みました。

そしてその後、同時多発テロで買値の半分くらいになったので放っておいたところ、AppleはiPod miniで二度目の奇跡の復活をとげ、一時買値の20倍くらいになりました。

さて、これは投資として成功でしょうか？

答えは「失敗」です。

このままでは「バクチ」であり、結果としてたまたま儲かってはいるものの、判断としては成功とはいえません。

いま、世の中には、これに似たバクチ的判断をしている方がとても多くいるように思えます。そして恐ろしいことに、マネー誌や金融関係の本を見ても、そういった誤った判断をあおるかのような、“かんたんに儲かる”といった情報にあふれています。

本書を買ってくださったみなさんの多くは「大勝ちでなくていいから、しっかりと安全にお金を増やしたい」と望んでいるのではないでしょうか。

そして恐らく、“かんたんに”儲けたい、つまりあまり勉強はしたくない、とも。

勉強はしたくない。けれどきちんと儲けたい。

ジレンマですね。

しかし、とてもよくわかる気持ちです。

僕が本書を書こうと思ったのは、このジレンマをなんとかなくせないか、というところからでした。

みなさんがなんとなくイメージしている「投資のための勉強」は、株式の専門書を何冊も読んだり、文系にはまず無理な数式に頭を悩ませたりと、そういう勉強なんじゃないでしょうか。

本書ではみなさんがイメージしている、そういう「つらい勉強」は一切出てきません。

本書でみなさんにお伝えするのは、「**各金融商品の基本的なしくみ**」と「**各商品のメリット・デメリット**」です。

小難しい字面のせいか、食わず嫌いのままに難しいと思われている「金融」ですが、言葉さえかみくだけば中学生にでもわかる単純さです。本書ではできるだけその点に留意しました。そして株式、債券、投資信託など、具体的な金融商品の紹介をベースに、金融というものの全体にひろく体をなじませていきます。

株価や利率が上がる下がるといった場当たり的な情報に踊らされないために、金融の基本原理を知ることで、金融に関する「応用力」がつきます。この金融応用力のことを「**金融リテラシー**」と言いますが、本書が目指すのは、みなさんの金融リテラシーの土台をつくることです。

金融リテラシーが身につけば、自分の判断で正しく金融商品を使いこなせるようになります。

また、リーマンショック後の金融危機の今、投資に後ろ向きな方もいるかもしれませんが、いまだからこそ、金融リテラシーを高めておくことが得策だと僕は思っています。

いつかはわかりませんが、いずれ経済の風向きが変わるときが必ずきます。そのときまでに金融リテラシーを高めておけば、チャンスをつかめる可能性がそれだけ高くなるということです。そのときは一攫千金も決して夢ではなくなってきます。

金融リテラシーを体得するのは、利益のあがる投資に遠回りのようでいて一番の近道だと思います。しかも一度身につければ一生役に立つスキルです。

ほんの数日の読書で一生が変わるなら、こんなにお得な話はありませんし、実際それだけの効果が得られると思います。苦しみながら株式の本を何冊も読むより、はるかに効率のいい1冊になったと自負しています。

みなさんが投資で“成功”できるよう、心からお祈りしています。

P.S.

本書のタイトルには「**1万円からの**」という言葉が入っています。あまり知られていませんが、金融商品にはその程度から購入できるものがたくさんありますので、本書ではそういった商品の具体的な情報をできるだけ載せるようにしました。巻末の「**必要資金別 金融商品早わかり一覧**」では、軍資金ごとに買える商品を一覧にまとめましたので、ぜひお役立てください。

もくじ

PART.2 ポートフォリオはこう組もう！

PART.3 もりた流 お手軽情報収集術

カバーデザイン・DTP_平岡省三
イラスト_ザ・ロケットゴールドスター

※本書に出てくる収益率等のデータは、特に記載のない限り執筆時（09年3月）の情報です。

おもな登場キャラクター

もりたくん

現役東大生。本書の先生。はじめての人にもわかりやすく投資と資産運用について解説してくれます。

生徒1・かっぱ

授業のポイントをまとめるのが得意。もりた先生のアシスタント的存在。

生徒2・ぞう

投資の勉強ははじめたばかり。いつもツボをついた質問で先生をうならせる。

生徒3・いぬ

内気。普段目立たないけど、資料集めはお手のもの。先生も密かに信頼。

この本の使い方

●本書では章ごとに株式、債券、投資信託など、いろんな金融商品のメリットとデメリット、そしてそれぞれがどういう人にどれほどオススメかを紹介していきます。ゆっくりしっかり知識を積み上げて次章に進んでいく構成ですので、あたまから通してお読みください。

●巻末には必要最低金額や手数料の目安、購入場所が一目でわかる便利なインデックス「必要資金別 金融商品早わかり一覧」をつけていますので、実際に金融商品を購入されるときにお役立てください。

●気になった内容がどのページに載っていたかわからなくなったときには、同じく巻末の「さくいん」をお使いください。掲載ページがすぐにわかります。

PART.1
金融商品いろいろ

株だ、投資信託だ、いや金《きん》だ! 身のまわりに飛び交ういろんな意見。ホントのところどれが正解なんでしょう。PART.1では各金融商品の特徴とオススメ度を紹介していきます。それではさっそく始めましょう!

PART.1 1 全ての金融商品は「収益率」で見てみる!

お金が増える、その仕組み

本書では色々な金融商品を通して自分の判断で金融を使いこなす応用力、「金融リテラシー」を上げることを目標としていると、まえがきでお伝えしました。

みなさんは早く各商品の内容を知りたいと思っているでしょうが、金融商品の理解を深めるために、その前に基本として知っておいていただきたいことが少しだけあります。まずはそこから話をはじめましょう。

定期預金、株式、投資信託……こういったものにお金を預けると、利子や配当といった「利益」がもらえますね。つまり、みなさんのお金が増えてるわけです。では、そもそもどうしてお金は増えるんでしょうか。

いうまでもなく、お金はブクブクと泡のように増えるものではないですから、誰かがどこかで増やしているはずです。その誰かは多くの場合「企業」です。

つまり、僕たちが預けたお金は、企業で資金として「働いて」きて、そこでいくらか利益をあげて、お給料をもらって戻ってきてくれているようなものなのです。

お金を預けるとは、つまりお金に「働いてもらって」いることに他なりません。

このように、企業のためにお金を出してあげることを、(事業への)「**投資**《とうし》」と言います。

では次に、僕たちの側からでなく、企業の側から考えてみましょう。企業はなぜ僕たちのお金に働いてもらいたいのでしょう?

企業の目的はお金儲けですが、元手がないと事業も思うようにできません。だから「あとでお礼はするからお金を貸してくれない?」と資金を募集しているわけです。その募集に僕らのお金が応募して働いてくるわけです。

お金がほしい企業、お金に働いてほしい僕たち(**投資家**)。仕組みはとてもカンタンですね。

2つのお金の集め方

ところで、事業がお金を集める方法は2通りあります。順をおって説明していきます。

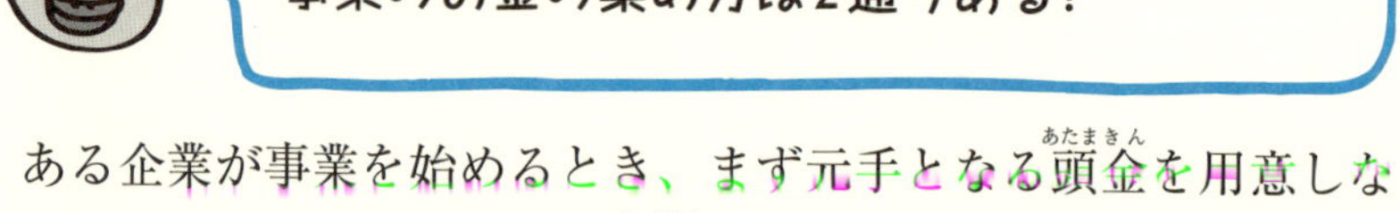

ある企業が事業を始めるとき、まず元手となる頭金《あたまきん》を用意しなくてはなりません。これが「**資本**《しほん》」です。資本は広く一般から募

ることも多く、資本を出した人を「**出資者**《しゆつししや》」と言います。これが集め方その1です。

しかし、資本金では足りないときはどうするのでしょう。普通の人ならば銀行に行って借金をすると思いますが、企業も同じです。この借金が「**負債**《ふさい》」。これが集め方その2です。

そして、この「資本を出したよ」という証明書(証券)が「**株**《かぶ》**式**《しき》」で、「お金を貸したよ」という証明書が「**債券**《さいけん》」です。

さて、この資本と負債、同じく事業をおこなうための資産になるのですが、儲けが出たときに分ける方法に違いが出てきます。

まず、「資本」を出した出資者に対しては、会社が赤字になったら儲けは分配しなくてかまいません。逆に大きく儲けて黒字になれば、その分、分け前(**配当金**《はいとうきん》)は増えていきます。

一方、「負債」は借金ですから、事業自体が赤字になろうが黒字になろうが、法人が潰れない限り、お金を出した人に一定の金利と元本を返さなくてはなりません。

つまり、証券はお金を出した証明書であり、同時に配当金や利金(金利)を受け取る権利書でもあるわけです。

というわけで整理すると、「お金を働かせる」、つまり事業に投資をして儲けを分けてもらう方法には、「株式」を購入する方法と「債券」を購入する方法の2種類があるというわけです。

実際、星の数ほどある金融商品ですが、よくよく見るとほとんどの金融商品はこの2つに分けられます。

●株式と債券の基本

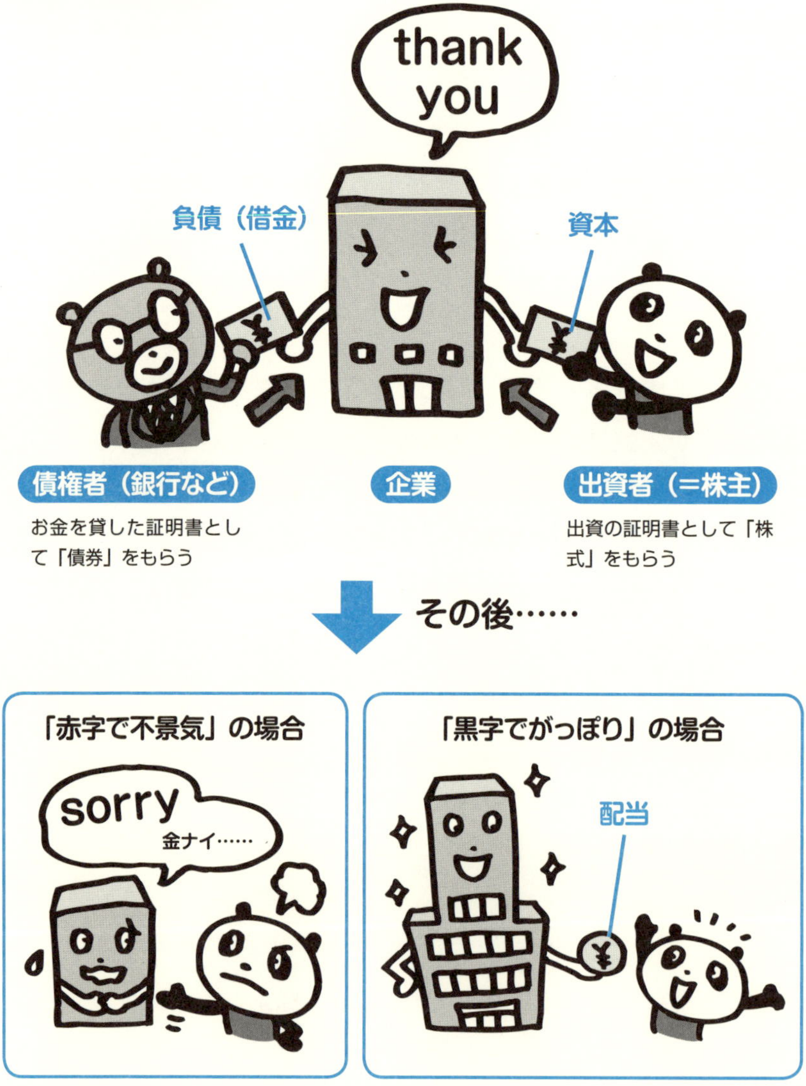
thank you
負債（借金）
資本
債権者（銀行など）
お金を貸した証明書として「債券」をもらう
企業
出資者（＝株主）
出資の証明書として「株式」をもらう
その後……
「赤字で不景気」の場合
sorry
金ナイ……
「黒字でがっぽり」の場合
配当

お金には、株式や債券への投資という形で、少しのあいだ資本や負債に変身して働いてもらうということですね。

ここまではいいでしょうか？

では僕たちも、お金に資本か負債に変身してもらって、働いてもらうことにしましょう。

そのとき問題になるのは、お金が変身して働いている間に、事業がうまくいったりいかなかったりして勝手に資本や負債の価値が減ったり増えたりすることがある、ということです。こういったいろいろな不確実性のことを「**リスク**」と言います。

このリスクがあらかじめある程度わかっていないと、大事なお金を変身させる気はおきませんよね。

ですから当然、ある会社の資本や負債の価値が減ったり増えたりするリスクを知りたいというニーズが生まれます。このリスクさえわかれば、どの金融商品に手を出せばいいのかの目安にできるわけです。

「リスク」は投資の目安になるカッパね

なんでもかんでも収益率で見てみる

「リスク」という言葉は、ここ10年くらいでずいぶんとメジャーになりました。しかし、多くの人はなんとなく「危険性とかそういったことだろうな」なんて考えているのではないでしょうか。

たとえば「株にはリスクがある」といっても、「倒産したら紙くずになる……?」というようなことをイメージしているかもしれません。しかし、これは「**信用リスク**[※1]」といって、株式や債券のリスクのごく一部です。

実は、どの金融商品にどの程度のリスクがあるのか、はっきりとわかる身近な数字があるのです。

それは「**利率**」です。銀行預金などで見なれた数字ですね。金融の世界では、「利率」ではおさまりが悪いので、「**収益率**」という言葉を使っています。

収益率はリターンを数字に直したものです。リスクとリターンは本来別のものですが、「**無《む》裁定《さいてい》理論**」という金融工学の学説で「リスクの大きさとリターンの大きさは同じくらい」ということになっています。

元手の何%分お金が増えるか、
それが「収益率」!

だから、収益率が低ければその分リスクも低く、収益率が高ければリスクも高いということです。「ローリスク・ローリターン」「ハイリスク・ハイリターン」ですね。

全ての金融商品は一律に収益率でそのリスクを比べることがで

※1_貸したお金が返ってこない危険性のこと。

きるのです。便利ですよね。

でもこう言うと、「銀行預金や国債には利率や収益率があるけど、株には利率なんてないでしょ!?」と思う方もいるかもしれません。実は株のような**元本《がんぽん》割れ**※2する危険もある金融商品も、企業の業績予想から収益率を計算することができます。ただし、この場合は「予想」をもとにしていることもあり、専門用語で「**期待収益率**」という名前になっています。これも立派な収益率です。

では、実際にいろいろな金融商品の収益率を見てみましょう。

2009年3月20日の執筆時現在、金融商品の年間の「収益率」は次のようになります。

次ページに表を載っけたワン！

※2_最初に預けたお金（元本）が減ってしまうこと。

金融商品の収益率一覧

国内

銀行預金

普通預金	0.04%
定期預金（5年物、300万未満）	0.35%

※三菱東京UFJ銀行提供情報より作成

国内債券

国債

1年物	0.30%
2年物	0.40%
5年物	0.72%
10年物	1.27%

※いずれも既発の残存年数

国内公社債

AAA2年物	0.86%
AA2年物	0.93%
AA5年物	1.27%
AA10年物	1.77%
A2年物	2.67%
A5年物	2.69%
A10年物	2.69%
BBB1年物	5.67%
BBB2年物	4.39%
B1年物	44.24%

※日本証券業協会日次資料より作成。R＆I格付けを利用。数値は同格付同残存年数の債券の期待利回りの平均値。

国内株式その他

日経平均株価	1.26%

※日本経済新聞社日次資料から作成。予想PERより計算。

J-REIT平均	7.45%

※J-REIT日次情報より作成

海外

各国国債

米国債

2年物	0.87%
5年物	1.64%
10年物	2.63%

独国債

2年物	1.32%
5年物	2.21%
10年物	2.97%

英国債

2年物	1.34%
5年物	2.24%
10年物	3.03%

豪国債

2年物	2.61%
5年物	3.67%
10年物	4.18%

ブラジル国債

2年物	10.17%
5年物	12.07%

※いずれも既発の残存年数

各国株式

米ダウ工業30種平均	8.83%
米NASDAQ総合	5.52%
英FTSE100	9.91%
独DAX	9.35%
仏CAC40	11.22%
シンガポール ST指数	9.53%
香港ハンセン 指数	9.08%
中国ハンセン 中国企業株指数	9.64%
中国上海総合 指数	6.14%
韓国KOSPI	8.23%

※予想PERより計算
※各証券会社等公示情報から作成。(全て2009年3月20日時点)

どうでしょう？　ざっと見るだけで、銀行預金よりお得なお金の働かせ方がたくさんあるんだなということがわかると思います。

リスクをとれば、これだけの収益率が“期待”できるのです。

さきほども書きましたが、現代ファイナンス理論は、必ずリスクとリターン（利率や収益率、期待収益率）が一致すると仮定していて、この仮定にもとづいた理論は「無裁定理論」と呼ばれています。

ですから、リターンが高いほど、リスクも高いということができます。収益率が高いからと言って必ずしも「お得」ではなく、その分、期待通り支払われない危険性も高いということです。つまり、元本割れをする危険性もあるということです。

おいしい話は危険もいっぱいだワン！

というわけで、全ての金融商品を一律に収益率で比較することによって、その商品のリターンがどれくらいになり、また、リスクはリターンに一致するので、大体どのくらいのリスクがあるかもわかりました。

ではここからは、各金融商品のリスクが、具体的にどんな危険からできているのか見ていきましょう。

PART.1

2 銀行預金

「単利」と「複利」、どっちがおトク？

さて、これからいろいろな金融商品のお話をしていきますが、その前に頭に入れておいてほしいことがあります。「**単利**」と「**複利**」です。聞いたことがありますよね？

たとえば、100万円の金融商品が6年間で2倍の200万円になったとします。つまり、100％増加したわけです。「単利」は、単純にこれを6で割って、「1年間に単利16.67％」といったりします。これは単純なのでとてもわかりやすいですね。

単純に割るのが単利ね

問題は「複利」です。複利とは、ある金融商品から得られた利子（収益）を元本に組み込み、まったく同じ商品に再度投資したときの利子率のことです。例えば、複利10％だったら、元本が100万円の場合、1年目には110万円（10万円の増加）、2年目には110万円の10％で121万円（11万円の増加）、3年目には121万円の10％で133.1万円（12.1万円の増加）となります。

6年間で倍になるなら複利では約12％な訳です。

おわかりのように、複利のほうが、利率は低くても期間が長くなればなるほど投資の効果は高くなります。ですから、単利の金融商品のほうが一見、利率が高くおトクに見えたりするんですがそうではないんですね。

金融の世界では複利の金融商品のほうが一般的なので、本書でも収益率という場合は基本的に複利をさすと考えてください。本書では、複利になじんでもらうために、本当なら複利では運用しにくい場合も複利で計算していきます。

ちょこっとコラム

余談ですが、相対性理論で有名なあのアインシュタインが「複利で預けたお金が2倍になるまで何年かかるかを計算する方程式」というのを発明しています。

「72」を「複利（%）」で割れば、2倍になるまでの年数がわかる！　という方程式です。

例えば、複利で6%なら、

$$72 \div 6 = 12$$

で、12年後に約2倍（2.012倍）になります。

4%ならば18年ですね。覚えておくと、けっこう“使える”豆知識です。

「固定金利」と「変動金利」

それから、ご存知の方も多いかもしれませんが、それぞれの利率には、契約が終わるまで利率が変わらない「**固定金利**」と、景気に合わせて利率が上がったり下がったりする「**変動金利**」の2つの契約タイプがあります。

固定金利であれば、景気が悪くなっても利率が下がらない代わりに、景気がよくなっても利率はそのままです。

いっぽう、変動金利であれば、景気がよくなれば利率も一緒に上がってお得ですが、金利が下がると損をしてしまいます。

これら2つのタイプも頭に入れておいてください。

さて、いよいよ本題の金融商品の話に入りましょう。

まずは銀行預金から見直す

銀行預金
安全性：★★★★★　収益性（利率）：⯨

まず、おなじみの**銀行預金**から見直していきましょう。

ふだん、僕たちはほとんど意識していませんが、銀行預金も立派な金融商品です。なぜなら、僕たちが預けたお金を、銀行が企業に投資しているからです。間接的にお金に働いてもらっているわけですね。

金融商品として見たとき、銀行預金は元本割れをせず**ペイオフ**[※1]で保証されますから、安全ですね。

問題は、リターンがあまりにも低いことです。

たとえば、国債と比べてみましょう。国債は日本政府が借金す

※1_銀行がつぶれても預金は1000万円までを保証する制度。

るために発行している債券（詳しくは後述）ですが、国債の発行体である日本政府が破綻するリスクと銀行が破綻するリスクとでは、当然、私企業である銀行が破綻《はたん》するリスクのほうが高いでしょう。

それならば、さきほど説明したとおりリスクとリターンは一致するので、銀行の方がリターンが高くなければいけません。ところが、実際には国債より銀行利率の方が低くおさえられている場合がほとんどです。たとえば5年物のとき、国債ならば年利約0.72％の現在、銀行の定期預金利率（固定）は0.35％程度です。

これは「リスクとリターンは比例する」という原則に反します。なぜこうなるかといえば、銀行が実質的に高い手数料を取っているからです。あれだけのサービスを受けられるのだから、当然だとも言えますけどね。

銀行は便利だけど
手数料も高いのがタマニキズ、ですね？

仮にあなたが100万円持っていたとして、5年間銀行に預けた場合と、5年物の国債を買った場合を比べてみましょう。

定期預金： 100万円 × $(100\% + 0.35\%)^{5}$
＝ 101万7,623円

国債： 100万円 × $(100\% + 0.72\%)^{5}$ ＝
103万6,522円

このように、5年間で「1万8,899円の違い」が出てくることになります。

これが実質的に銀行に手数料として取られている額です。これを知っているだけで5年間で2万円近くの差が出てくるのです。金融商品についてきちんと知っておく、すなわち「**金融リテラシー**※2」を高めていけば、それだけ得ができるのですね。

銀行預金 = 安全性は高いが、リターンが低い!!!

銀行はどこも似たような収益体系なので、もしも利率が高い銀行があれば、そこはそうでもしないとお客さんが集まらない銀行ということです（ネット銀行など、人件費削減分を利率に還元する例外はあります）。

もちろん、そのリスクをとって利率を高めたいというのならば、あえてそういう銀行を使うのも戦略として“アリ”だと思います。

繰上げ返済はどのくらい得なのか

さて、銀行預金の話はこれでおしまいなのですが、少しだけ住宅ローンなどの繰上げ返済についてお話ししたいと思います。
（ローンのない方は飛ばしてP.29にいっていただいても結構です）

住宅ローンなどの繰上げ返済※3（期間短縮型）は、ローリスクで利回りの高い債券を買うのと同じか、もしくはそれ以上に得することができます。なぜでしょうか。

※2_ちなみにliteracyは英語で「活用能力」の意。
※3_ローンを前もって数ヶ月分まとめて返すこと。繰上げ返済手数料がかかる。

大手行の住宅ローン金利は現在年利3.5%ほどです。仮に100万円を繰上げ返済せずに手元に据え置き、ローンがあと20年残っているとすると、

住宅ローン： 100万円 × $(100\% + 3.5\%)^{20} \fallingdotseq$ 200万円

になり、最終的にほぼ倍額を支払わなければいけないことになります。これは逆に言えば、繰上げ返済すれば、

200万円（最終的な支払い）− 100万円（繰上げ返済する分）＝ 100万円

を金利として儲けられるということです。

返すだけで100万円おトク!?

つまり、これは20年間年利3.5%分を受け取るのと実質的には同じということになります。

ですから、ローンがある人は預金や株に手を出すよりもローン返済に回したほうがお得なことが多いということですね。実際には繰上げ返済のための手数料が数千円から数万円かかりますが、それにしたってお得です。

ちなみに現在の金利はゼロ金利すれすれですから、この利率は最低水準であると考えられます。だから大抵のケースで借り換え[※4]もお得ですよ。

※4_住宅ローンを抱えている人が、より金利の低い他社のローンに乗り換えること。手数料で結局得にならない場合も。

銀行預金のまとめ

- 金融リテラシーを高めればお得な金融商品がわかる
- 定期預金は安全だが、利率（リターン）はとても低い
- 繰上げ返済はお得

銀行預金

投資オススメ度 

（※1〜5の5段階。5が一番オススメ）

※銀行には最低限生活に必要なお金だけ入れておきましょう。

PART.1

3 債券

まえがきでも書いた通り、本書の目的のひとつは、みなさんにマネー誌に踊らされないくらいの金融リテラシーを身につけていただくことです。そのため本書では、目新しい投資手法や格別に“おいしい”金融商品を紹介しているわけではありません。けれどこれだけは強く主張したい、ということがひとつあります。それは、

個人投資家には債券がオススメ

ということです。債券は預金と株式の中間くらいのリスクで、個人投資家の「Buy & Hold（買って保有しつづける）」戦略には最適な金融商品なのです。

本書のイチオシは債券投資カバ!

タイヘンな株とラクな債券

ある雑誌のアンケート結果によると、株式投資の場合、85%以

上の個人投資家が含《ふく》み損《ぞん》※1をかかえているそうです。

実際、株で利益を出すためには、並みいるプロ相手に金融市場で闘うわけですから、相当の労力が必要です。勉強だってたくさんしなくてはなりません。しかし、忙しい毎日の中で、株の勉強にそれだけの労力をかけられる人はどれだけいるでしょうか？

そこへいくと債券は株などと比べて価格変動が少ないのであまり勉強しなくてもいいのです――というと債券トレーダーや債券ポートフォリオ・マネージャーに怒られそうですが、株式投資ほど勉強しなくても、償還期限まで待てば損をすることはあまりありません。個人投資家があまり労力をかけずに安全に資産運用できる商品、それが債券なのです。

さて、さきほども書きましたが、債券はかんたんに言えば国や企業などに貸した「借金の証明書」です。つまりは、他人にお金を貸して一定の利子と元本の返済を受ける権利（**債権**）を持つということを証明する書類ですね。ですから、債券を買うというのは、他人に直接お金を貸しつけることになるわけです。

債券、2つのキーワード

銀行の業務のほとんどはお金の貸しつけですから、みなさんが

※1_持っている株の価値が下がってる状態。まだ売ってないので損は確定していないという意味で「含み」。

銀行預金をするときは、企業に対して間接的にお金を貸しつけていることになります。ただ、直接貸しつけていないがために、仲介者である銀行にたくさんの手数料を取られている、というのはお話ししたとおりです。

さて、債券の詳しい説明に入る前に、2つほど専門用語を頭に入れてください。「償還《しょうかん》」と「プレミアム」です。

債券を買うという行為によってお金を貸しつけてくれた人（債権者）に、お金を借りた人（債務者）がそのお金を返済することを「**償還**」と言います。また、「**～年物**」という書き方をしたときは、この償還期限までの（残存）年数をいっています。

また、「**プレミアム**」とは、金利の上乗せ分のことです。たとえば、リスクが高い商品ほど収益率が高いといいましたが、リスクが高いことに対する上乗せ分のことを「**リスク・プレミアム**」と言います。

英語のpremiumは形容詞では「上等の」という意味で価値が高いもののイメージですが、名詞では保険料のことをあらわします。ですから、「プレミアムが高い」というのは金融の世界ではそれほど良いイメージではありません。

「償還」と「プレミアム」、もう覚えましたね？ それでは、債券の説明に入ります。

債券には3つのタイプと3つの償還期間がある

債券は、「国債」からはじまり、政府機関債や地方債をふくんだ「公債」、企業の社債のうち特別な権利のついていない「普通社債」、そのほか、特別な権利のついた「CB（転換社債）」、また、今回のサブプライムで問題になっているCDO（債務担保証券）などの「担保証券」、海外の政府や金融機関が円建てで発行している「サムライ債」などなど、山のように種類があります。けれど、もとをたどればみな同じ借金です。

これをお金を貸した側の目線から、ざっくり分けるとこうなります。

債券 3つのタイプ

もちろん、危険なもの（ハイリスク）ほど収益率（リターン）も高いです。価格変動も比較的小さく、株式に比べてはるかに安全です。

それから、償還までの期限も、国債にならって次のようになっています。

債券 3つの償還期限

短期債
—1年以内に償還—

中期債
—5年後に償還—

長期債
—10年後に償還—

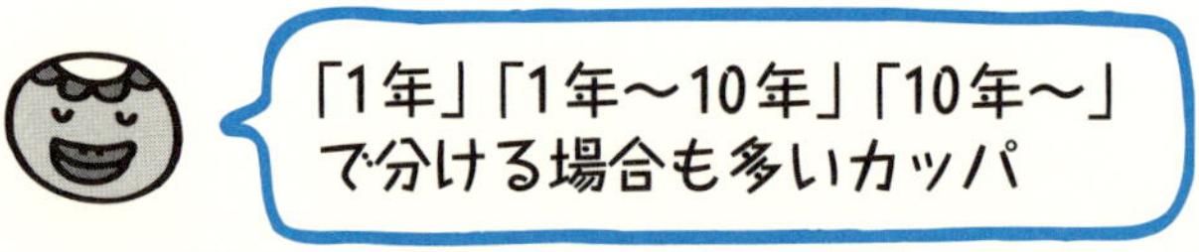
「1年」「1年〜10年」「10年〜」
で分ける場合も多いカッパ

では具体的に一つ一つ見ていきましょう。

最も安全な日本国債

国債
安全性：★★★★★　収益性（利回り）：★

はじめは国債の話です。「とても安全」な債券ですね。

ここで取り上げる日本国債は、日本政府が発行する債券です。要は、「国を切り盛りするのにお金が足りないから、国民から広く借金をしよう！」という発想です。現在の発行残高は681兆円（2008年12月末、財務省より）ほどと言いますが、金融危機を乗り切るための公共事業などのために今後も増えていきそうです。

国債は最低購入金額が高く途中解約時の元本保証がされていな

いなど、少しだけ使いにくいです。そこでそれを1万円単位に小分けして元本保証をつけるなど使いやすくしたものが「**個人向け国債**」です。これは5年物固定金利と10年物変動金利しかない、少し特別な国債です。藤原紀香さんが「いいかも」なんて言っていたり、小雪さんが「1万円から買えるのがいい」「安心できるのがいい」なんて言ってたりする“アレ”です。

さて、この国債のメリットは、なんと言っても最も安全性が高い点です。

みなさんが他人にお金を貸して困ることはなんでしょう。もちろん、踏みたおされることが一番困りますよね。この借金の踏みたおしのことを**デフォルト**（債務不履行）というのですが、このデフォルトが起こるリスクが最も低いのが国債なのです。

国債は銀行預金と同じ安全性なのに
収益率がおおきいデスね

国債のリスク、「金利変動リスク」って？

国債の信用リスクがとても低いことはわかりましたが、実は国債も全くリスクがないというわけではありません。国債のリスクは「**金利変動リスク**※2」です。

国債の金利が変わる要因はいろいろあるのですが、基本的には、

景気が良くなれば金利は上がり、
景気が悪くなれば金利は下がる

と思っておけばいいでしょう。

さて、この金利の変動がどうしてリスクになるのでしょう。

例えば、またみなさんが100万円を持っていて、それで10年物の長期国債を買うとします。10年物国債の固定金利は、現在は1.27%（複利）ですね。すると10年後、

●**長期国債：**100万円 × $(100\% + 1.27\%)^{10}$ ＝ 113万4,509円

になります。

一方、5年物の中期国債を買い、5年後に償還されたときに再び中期国債を買って運用するスタイルを考えます。現在の中期国債金利は0.72%なので、

●**中期国債：**100万円 × $(100\% + 0.72\%)^{5}$ ＝ 103万6,522円

※2_厳密には国債の価格変動リスクのこと。

と5年後にはおよそ103万5,000円を受け取ります。このおよそ103万5,000円で中期国債を買いなおすのですが、5年後に何かの拍子に景気が大回復していて、中期国債の利子が、5年前の10年物よりもずっといい4%になっていたとします。すると、

●中期国債：103万6,522円 × (100% + 4.0%)^{5} = 126万1,088円

(以上、説明の便宜上全て「複利／利子の支払いは年1回」で計算しています。実際には条件が異なることもあります)

と、126万円近く受け取れることになります。

そうすると、長期国債で運用するとおよそ113万5,000円。一方、中期国債で運用し、その間景気が大回復して金利が上昇するとおよそ126万円になります。すると、仮に将来景気が回復するなら長期国債の方が12万5,000円の損、ということになります。

どちらも信用リスクはゼロで運用しているのに、運用結果に差が出ます。これが金利変動リスクで、長期国債の方でおよそ12万5,000円を取り逃したことを「**機会損失**」と言います。言い換えると、中期国債を買うチャンスを失った損失です。

この機会損失のリスクは、償還期間の長い債券ほど大きいといえます。けれど5年後の金利がどうなっているかなんて誰にもわかりませんから、どちらが得とはいえません。

●短期・中期国債のメリット

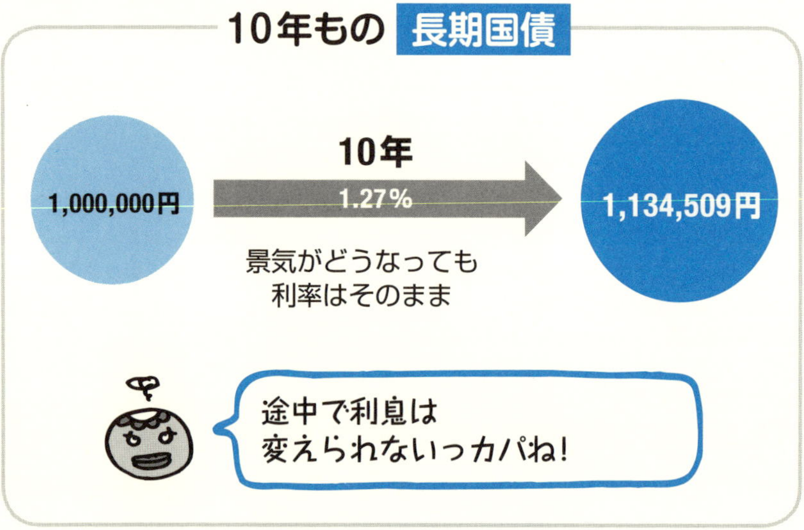
10年もの 長期国債
1,000,000円
10年
1.27%
1,134,509円
景気がどうなっても
利率はそのまま
途中で利息は
変えられないっカパね！

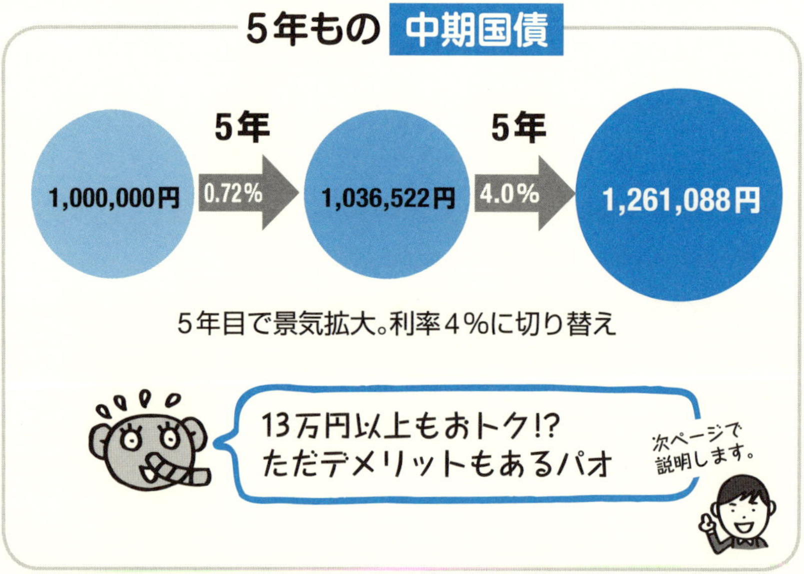
5年もの 中期国債
1,000,000円
5年
0.72%
1,036,522円
5年
4.0%
1,261,088円
5年目で景気拡大。利率４％に切り替え
13万円以上もおトク!?
ただデメリットもあるパオ
次ページで
説明します。

※実務上、利金分は短期金利で運用することが多いので、上記の金額より少し低い運用結果になります。

じゃあ5年目で景気が悪くなったら？

たとえば、下の式を見てもらえばわかるように、仮に景気が悪くなって5年後の中期国債金利が0.3％になった場合、前の例とは逆に中期国債の方が**損になる**のです。景気が今のままの0.72％だって、長期国債に比べて損です。

●中期国債

景気変わらず（0.72％）の場合

100万円 × (100％ ＋ 0.72％)^{5} ＝ 103万6,522円

→103万6,522円 × (100％ ＋ 0.72％)^{5} ＝ 107万4,378円

景気悪化（0.3％）の場合

100万円 × (100％ ＋ 0.72％)^{5} ＝ 103万6,522円

→103万6,522円 × (100％ ＋ 0.3％)^{5} ＝ 105万2,163円

こういった未来の不確実性に対するバラツキがリスクの正体ということです。

まとめると、

国債 ＝ 最も安全だが、長期になるほど金利変動リスクはある

お役立ち補足情報

普通の国債と「個人向け国債」の違い

金利変動リスクは国債が「固定金利」だからこそ発生します。ただ、10年物の「個人向け国債」に関しては例外的に「変動金利」です。ですので、金利が上がれば商品の利回りも連動して上がるので、このリスクはありません。リスクがない分、普通の国債に比べて利回りも少し悪くなります。

この項のはじめでお話ししたとおり、本書では国内債券をオススメしますが、今が最高の買い時かというと、そういうわけではありません。

というのは、今、株式市場などリスクの高い市場から債券市場などリスクの低い市場へ資金が流れ込む現象が起きており、米国などでは債券がかなり買われていますので、つられて日本の国債の利回りも低いからです。

とはいえ、安全性が高く価格変動が少ないので管理がしやすいという点で、やはり債券をオススメすることには変わりありません。

ちょこっとコラム

未来の不確実性のうち、確率分布が想定できるものをリスクと言います。ホリエモンのいうところの「想定内」ですね。

逆に、どうなるか全くわからない不確実性は「ナイトの不確実性」といってリスクとは区別します。「想定外」はリスクではとらえきれないということですね。

例えば、UFOがホワイトハウスの上空に！ となったら、彼らの高度な科学力で人類が大きな進歩をとげるのか、それとも戦争になって世界がぼろぼろになるのかは全くわかりませんから、これは「ナイトの不確実性」だということです。

一般に、ナイトの不確実性が生じると、市場（マーケット）は下落します（プレミアムははね上がる）。

ほぼ安全で利息もGOODな公社債

公社債（投資適格債券）
安全性：★★★★　収益性（利回り）：★★

国債の次は、今回の債券の話の“キーポイント”となる、**公社債**の話をはじめましょう。

公債と社債で公社債。さきほどのランクの中の「安全」な債券です。

繰り返しになりますが、債券は借金の証書です。つまり、ある程度の信用力のある組織ならば、銀行をとおさずに、債券をつかって投資家から直接借金をすることができるというわけですね。ですから、地方公共団体、たとえば「埼玉県」や「横浜市」も債券を発行することができます。「彩の国みらい債」や「ハマ債」などがそうです。

これらが「**地方債**」です。地方債は、国債や政府機関債とおなじ「**公債**」のくくりのなかに入ります。夕張市のように破綻した例もありますから、国債ほど安全ではありませんが、国債の次に安全な債券です。

地方公共団体がつぶれるなんて
あんまりないカッパもんね

次に、「**社債**」（普通社債）です。

これは企業が発行する債券です。もちろん、会社の中でも危なっかしい企業と安全な企業がありますから、それぞれ信用力がちがいます。問題は、どうやったら手軽に安全な企業がわかるのか、ということです。

そこで登場するのが、**格付会社（信用格付会社）**です。

社債を発行する企業や自治体は、一般的にこの格付会社にお金を払って、財政状況の安全性を格付けしてもらい、投資家に安心してもらうという仕組みになっています。

日本ならば**格付投資情報センター（R&I）**、米国ならば**スタンダード&プアーズ（S&P）**や**ムーディーズ**が有名です。

格付会社は会社や地方公共団体の安全性を評価してくれるんだっカパー！

次ページにR&Iの格付けを掲載しました。いろんな会社がA《シングルエー》やAA《ダブルエー》といったように評価されているのがわかると思います。

●R＆Iの格付の例

日本企業 (五十音順)

2009/03/31 現在

コード	発行体名	発行体格付け 格付け [格付けの方向性]	公表日	短期債格付け	発行限度額 (億円)	公表日
[あ]						
7013	ＩＨＩ	BBB [ネガティブ]	2008/07/04	a-2	700	2008/07/04
	あいおい生命保険	(A+)	2009/01/23			
8761	あいおい損害保険	(A+)	2009/01/23	a-1+	750	2008/03/25
7259	アイシン精機	AA [ネガティブ]	2009/02/04			
0108	愛知県	AA+ [安定的]	2008/12/19			
8515	アイフル	BBB [ネガティブ]	2009/01/30	a-2	1,000	2009/01/30
8304	あおぞら銀行	BBB+ [ネガティブ]	2009/02/10			
	アクサ生命保険	AA [安定的]	2009/03/16			
	アクサ フィナンシャル生命保険	AA [安定的]	2009/03/16			
7238	曙ブレーキ工業	(BBB+)	2009/03/25			
8572	アコム	A [安定的]	2009/01/30	a-1	1,200	2009/01/30
3951	朝日印刷	BBB- [安定的]	2008/09/10			
3407	旭化成	AA- [安定的]	2008/12/24	a-1+	1,800	2009/02/09
5201	旭硝子	AA [安定的]	2008/11/26	a-1+	1,500	2008/11/26
	朝日生命保険	(BB+)	2009/02/16			
2502	アサヒビール	A+ [安定的]	2009/03/09	a-1	2,000	2009/03/09
9405	朝日放送	A- [ネガティブ]	2008/08/22	a-1	50	2008/08/22
8335	足利銀行	A- [安定的]	2008/06/09			
	足利ホールディングス	BBB+ [安定的]	2008/06/09			
2802	味の素	AA [安定的]	2008/08/27	a-1+	500	2008/08/27
4503	アステラス製薬	AA+ [安定的]	2008/11/05	a-1+	1,500	2008/11/05
4401	ＡＤＥＫＡ	A- [安定的]	2007/10/17			
8170	アデランスホールディングス	A- [ネガティブ]	2008/07/01			
8978	アドバンス・レジデンス投資法人	A+ [安定的]	2008/04/22			
6857	アドバンテスト	A [安定的]	2009/02/25			
8589	アプラス	A- [ネガティブ]	2009/02/05	a-1	2,000	2008/09/26
6728	アルバック	BBB [ネガティブ]	2009/02/26	a-2	100	2009/02/26
6770	アルプス電気	BBB+ [安定的]	2007/02/21	a-2	500	2007/02/21
8388	阿波銀行	A+ [安定的]	2008/06/25			
6754	アンリツ	BBB [安定的]	2008/06/04	a-2	100	2008/06/04
[い]						
9427	イー・アクセス	BBB [安定的]	2008/08/22			
9119	飯野海運	BBB [安定的]	2008/12/24			
8267	イオン	A+ [ネガティブ]	2008/11/21	a-1	1,000	2008/11/21
8570	イオンクレジットサービス	A+ [ネガティブ]	2008/11/21	a-1	1,500	2008/11/21
8905	イオンモール	A+ [ネガティブ]	2008/11/21	a-1	300	2009/02/20
7202	いすゞ自動車	BBB+ [安定的]	2008/02/22	a-2	500	2008/02/22
8266	イズミヤ	BBB	2009/03/03	a-2	250	2009/03/03
6310	井関農機	BBB [ネガティブ]	2008/12/03			
8238	伊勢丹	A [ネガティブ]	2008/08/01	a-1	400	2009/03/02
3026	イトーヨーカ堂	AA [安定的]	2009/01/26			
2593	伊藤園	A+ [安定的]	2009/03/25	a-1	100	2009/03/25
8001	伊藤忠商事	A [安定的]	2007/12/13	a-1	8,000	2007/12/13
2284	伊藤ハム	BBB+ [安定的]	2008/09/10	a-2	200	2008/09/10
4062	イビデン	A+ [安定的]	2008/11/26	a-1	100	2008/11/26
7266	今仙電機製作所	BBB [安定的]	2008/11/12			
8385	伊予銀行	AA- [安定的]	2008/12/02	a-1+		2008/12/02
8345	岩手銀行	A+ [ネガティブ]	2009/02/16			
[う]						
8788	ウィルコム	BBB [安定的]	2006/07/20			
	上田八木短資	A- [安定的]	2008/04/28	a-1		2008/04/28
6925	ウシオ電機	A+ [安定的]	2007/01/17			
7898	ウッドワン	BBB- [ネガティブ]	2007/04/10			
4208	宇部興産	BBB [安定的]	2008/12/10	a-2	300	2008/12/10
[え]						
4523	エーザイ	AA- [安定的]	2008/03/27	a-+	300	2[illegible]
4088	エア・ウォーター	A [安定的]	2009/01/28			
	エイアイジー・スター生命保険	(A)	2009/03/03			
8242	エイチ・ツー・オー リテイリング	BBB+ [安定的]	2008/11/12			
4537	エスエス製薬	BBB+ [安定的]	2008/06/04			
8597	ＳＦＣＧ			c	200	2009/02/23

( ):レーティング・モニター

格付けは、発行体が負う金融債務についての総合的な債務履行能力や個々の債務（債券やローンなど）の支払いの確実性（信用力）に対するＲ＆Ｉ
号で投資家に投資情報として提供するものであり、債券やコマーシャルペーパーなどの売買・保有を推奨するものではありません。格付
Ｒ＆Ｉの意見であり、その正確性及び完全性は必ずしも保証されてはいません。格付けは原則として発行者から対価を受領して実施した

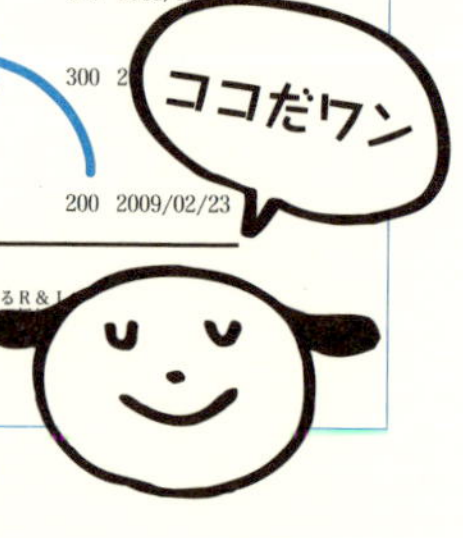

R＆Iのホームページより　格付一覧・五十音順（2009年3月31日時点）

●格付の見方（発行体格付）

AAA	信用力は最も高く、多くの優れた要素がある。	安全
AA	信用力は極めて高く、優れた要素がある。	
A	信用力は高く、部分的に優れた要素がある。	
BBB	信用力は十分であるが、将来環境が大きく変化する場合、注意すべき要素がある。	グレーゾーン
BB	信用力は当面問題ないが、将来環境が変化する場合、十分注意すべき要素がある。	危険
B	信用力に問題があり、絶えず注意すべき要素がある。	
CCC	発行体の金融債務が不履行に陥る懸念が強い。	
CC	発行体の金融債務が不履行に陥っているか、その懸念が極めて強い。	
D	発行体の全ての金融債務が不履行に陥っているとR＆Iが判断する格付け。	

左ページの格付の判断基準。同じくR＆Iのホームページより
※AA格からCCC格については、ひとつ上の格に近いものにプラス（AA^{+}など）、ひとつ下の格に近いものにマイナスの表示をすることがあります。
「安全」「グレーゾーン」「危険」は本書が付したものです。

ただ、アメリカの格付会社はサブプライム関連商品をふくんだ債券の格付けもおこなっていましたから、今回の金融危機ですっかり信用を失い、「アメリカの格付会社の信用調査ってアテになるの?」という話になっているのが困ったところです。信用調査をする会社の信用が落ちたら、お話にならないわけですから。

ちなみに、これらの格付会社は財務の安全性を見るだけで、株式が買いか売りかという判断をする会社ではありません。ですから、ときどき「トヨタはAAA《トリプルエー》格だから、株は買いだ!」なんていう話も聞きますが、そういう見方は間違っているのでとても危険です。

安全な企業がひと目でわかる「格付け」

前ページのR&Iの格付けを参考に、どの企業が安全なのかを見てみます。

その前に、「投資」と「投機」の違いを頭に入れておいてください。

お金を運用するという点では同じなのですが、安全なお金の運用を「**投資**」といい、危ないお金の運用（バクチ）のことを「**投《とう》機《き》**」と言います。

R&Iは投資適格・投機格という格付けはおこなっていないのですが、ここではR&IのA《シングルエー》格以上が投資適格（安全）、BBB《トリプルビー》格以下が投機格（危険）とします。BBB格はグレーゾーンで、ひとつ下のBB《ダブルビー》格以下を投機格としている場合もあります。とはいえ、安全とは言い切れないからグレーなわけですから、BBB格ならきちんと財務諸表[※3]を確認してください。CCC《トリプルシー》格以下までついたら、もうデフォルト寸前と考えてかまわないでしょう。

前ページの格付けは、債券を発行する団体全体の格付けでしたが、それぞれの債券自体の格付けというのもあります。

これらの債券は、国債よりデフォルト（P.35）するリスク（信用リスク）が高いです。リスクが高い分、収益率に上乗せするのは前に触れたとおりですが、信用リスクに対する上乗せをとくに「**信用プレミアム**」と言います。ですから、

※3_企業の損益や資産の内容を数値化したもろもろの表。投資家が会社を評価する際、参考にする。

公社債の利回り ＝ **国債の利回り** ＋ **信用プレミアム**

ということですね。

お役立ち補足情報

リスクフリーレート――公式に“国債の利回り”が入る理由

理論的にリスクがゼロかとても小さい債券の利回り（期待利回り）のことを「リスクフリーレート」と言います。日本株式の期待収益率を求める場合、普通は10年物国債の利回りのことです。

公社債や株式などといった無リスクでない商品の場合、このリスクフリーレートにリスク・プレミアム（信用プレミアムや株式プレミアムなど）を上乗せした値が理論的な収益率（債券利回りや株式期待収益率など）になるので、用語としてはとても重要です。しかし、本文では分かりやすくするため“国債の利回り”という表現を使っています。

そして、信用リスクがより高い、つまり安全性が低く、踏みたおされる危険性が高いほど、利回りも高くなります。

執筆時点では、2年物短期国債0.40％に比べても、2年物投資適格公社債は0.86～2.67％ほどで収益率が高いです。例によって、ここでも無裁定理論（P.18）により、収益率が高ければその分デフォルトする危険性も高いので、どちらがお得ということは言えません。

とはいえ、例えば、横浜市がデフォルトしたり、東京電力なんかがつぶれたりといったことはかなり考えにくいので、ある程度は信用リスクをとった方が僕は得だと思います（あくまで投資は自己責任ですが）。

まとめると、

投資適格公社債 ＝ 国債より安全性にはやや劣るが、利回りは少し高い

ということですね。

この“少し”が何年もするとかなり大きな違いになってきます。本当はきちんと決算書を読んで、自分で判断した方がいいのですが、AAAやAAの企業がデフォルトを起こすことは相当珍しいことなので（というか、デフォルトする前に格下げになります）、買う前に格付けと公社債利回りと同じ償還期限の国債利回りとを比較して検討してみてください。

「ご購入する際は、ご相談ください」のハイイールド債

ハイイールド債（投機格債券）
安全性：★★　収益性（利回り）：★★★★

最後に「危険」な債券についてです。

これは基本的に額がとても大きい法人向けがほとんどなので個人には手を出せませんし、日本ではそれほど発達もしていないのですが、知識として知っておいて損はないでしょう。

野村證券のサイトに、小さく小さく書いてあるのですが、BB格以下の債券を買うには“お取引店にご相談”しなくてはならないようです。

執筆時現在でも1年物国債0.30%に対して1年物債券のBBB格債券は5.67%ほど、B格にもなると44.24%ほどの利回りで、信用プレミアムがとても高いことがわかると思います。つまり、とても危険だということです。

こういった利回りの高い債券を**ハイイールド債**、または**ジャンク債**と呼びます。

米国などでは、ハイリスク・ハイリターンを目指すハイイールド債専門のファンドなど、投資の幅があって面白いものもあります。とはいえ、結局は危ない債券です。みなさんは「そんなものもあるんだな」くらいに知っておいていただければ、それで充分だと思います。

まとめると、

投機格債券＝利回りは高いが、とっても危険

ということです。

債券の利息はどう支払われる？

債券の利息はたとえば年2回など、定期的に支払われる形をとっています。

この利息は証券会社に債券を預けている場合は自動的に振り込まれるわけですが、自分で持っている場合は債券の保有者が自分で利払日ごとに「クーポン」を使って利金を受け取ります。

クーポン（利札《りふだ》）は債券にくっついており、たとえば5年物で年2回の利払いの債券なら、クーポンは10枚ついています。ここから一般的な普通債券は「利付債《りつきさい》」とも呼ばれています。

ちなみに債券で「利率」というときは、新発債発行時に債券の額面金額に対して設定される、クーポンで1年に支払われる利金のレートのことを指していて、これは「クーポンレート」とも呼ばれています。“額面金額に対して”とわざわざ断ったのは、既発債は、それが新発債のときと販売価格が変わる（額面金額より値上げ、値下げされる）からです。販売価格が変わると「利率」はどうなるの？という疑問があると思いますが、そこは下のコラムにまとめました。

お役立ち補足情報

債券利率と債券利回り

「利率」と似た言葉で「利回り」というのを聞いたことがあると思いますが、実はこれらは別物です。

「利率」は銀行預金なんかでもみなさん馴染みがありますよね。お金を預けた側に還元される収益率のことで、債券の場合「クーポンレート」のことでした。

一方、「利回り」とは既発債（P.53）などの場合に出てくる用語です。

新発債の場合の、額面金額に対する利子の割合が「利率＝クーポンレート」でしたが、既発債は発売時の額面金額が100円だとした場合、販売時点でたとえば98円で売られたり、102円で売られたりします。この既発債の購入元本に対する収益の割合が「利回り」です。

債券はすぐにお金に戻せる？

ここまでに、債券の金利変動リスクと信用リスクについて説明しました。債券にはあと2つのリスクがありますので、それをご紹介しておきます。

まずは「**流動性**[※4]**リスク**」についてです。

例を挙げて説明しましょう。

来週、あなたは1000万円の現金が必要になりました。預金ならすぐに引き出せます。いっぽう、債券で持っていると満期まで待って償還されないかぎり現金として使えません。そこで、どうしてもすぐに現金にしたいのなら売らなければなりません。しかし、すぐに買い手がつくかどうかはわかりません。

こうしたすぐに換金できないかもしれないリスクを「流動性リスク」と言います。一般に、低格付の債券ほど人気がないので、換金しにくくなります。そのため、その上乗せ分として流動性プレミアムがあると言われています。

いずれにせよ、かんたんで比較的安全な投資ならば「Buy & Hold（買って保有しつづける）」がよいでしょうから、償還前に売却することはあまり考えないほうがいいでしょう。

逆に言えば、資産運用はすぐに必要にならない余裕資金でやるのが鉄則です。

※4_金融の世界では売買のしやすさを流動性という。

通貨の価値が下がる「インフレリスク」

債券のリスクの最後は「**インフレリスク**」です。

物価が上がって通貨の価値が下がり、実質的に金融商品の価値が下がってしまうリスクのことを「インフレリスク」と言います。せっかく5%の収益があっても物価が2倍になってしまっては焼け石に水というわけですね。

このリスクは現金や預金、債券にあり、インフレと共に価格が上がる株式や商品（貴金属など）にはないと言われています。

現在の世界経済の状況からすると、このインフレリスクは決して起こりえないリスクではありませんので、十分に気をつけましょう。

さあ、国内債券を買ってみよう！

債券はどこで買ったらいい？

では早速、債券を買ってみたいところなのですが、債券は株とちがって個人の売買にかなりたくさんの制限があります。

まず、普通社債の多くは1億円からなど、債券の最低売買金額はとても高いです。

これは債券が、本来は個人ではなく金融機関や年金基金などの機関投資家向けの金融商品だからです。

しかし、最近では国債とおなじく「**個人向け公社債**」というものが少しずつ増えてきました。これは一口100万円からです（一部10万円からもあり）。個人向け国債ほど小口ではないものの、1億円に比べればグッと買いやすい価格になりましたね。しかし、全ての企業が個人向けを発行しているわけではないので、R＆Iに格付けされている企業全ての社債が買えるわけではないのです。

更に小口のものとして、**債券型投資信託**（国債ファンド他、MMFやMRFなど）があります。投資信託についてはあとで詳しく触れますが、銀行同様、たくさんの手数料をとられますので、できれば直接債券を買った方が得です。

そして、これも債券特有なのですが、「新発債」と「既発債」の違いもおさえておきたいところです。

新しく発行される債券を「**新発債**《しんぱつさい》」と言い、発行されたあとにだれか他の人に売られた債券のことを「**既発債**《きはつさい》」と言います。新発債はひろく個人投資家にも募集されますが、個人向けの既発債はあまり有名ではないせいか、安値で放置されていることも多く、個人向け新発債よりお得なことが多いです。

既発債にチャレンジするのもアリかも!?

新発債は、証券会社の債券のページをみれば募集要項がのっています。

100万円以下の既発債も、たとえば野村証券の場合は既発債の

●ネットで見られる個人向け新発債・既発債情報

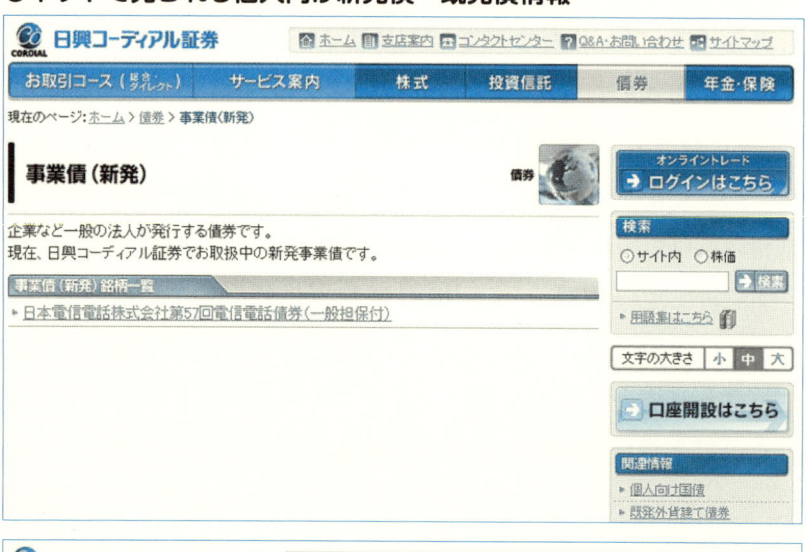

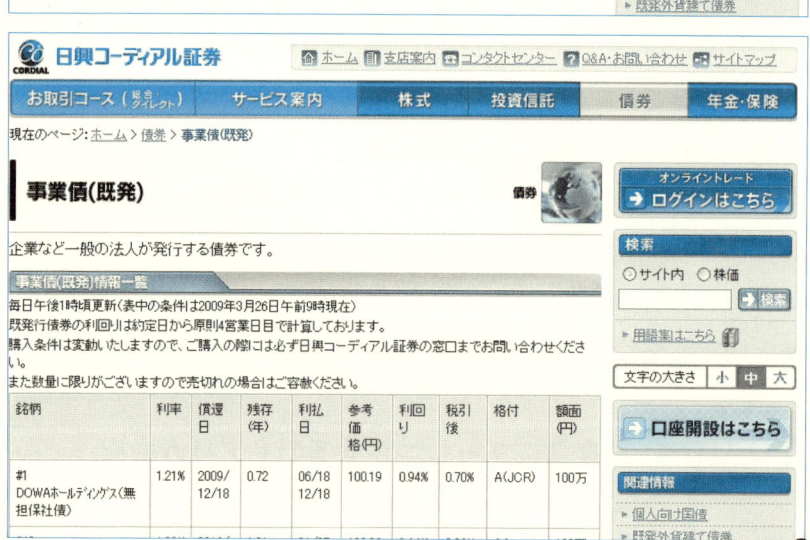

日興コーディアル証券

ホーム　支店案内　コンタクトセンター　Q&A・お問い合わせ　サイトマップ

お取引コース（総合・ダイレクト）　サービス案内　株式　投資信託　債券　年金・保険

現在のページ: ホーム > 債券 > 事業債(新発)

事業債（新発）

債券

企業など一般の法人が発行する債券です。
現在、日興コーディアル証券でお取扱中の新発事業債です。

事業債（新発）銘柄一覧

- 日本電信電話株式会社第57回電信電話債券（一般担保付）

オンライントレード　ログインはこちら

検索　○サイト内　○株価　検索

- 用語集はこちら

文字の大きさ　小　中　大

口座開設はこちら

関連情報

- 個人向け国債
- 既発外貨建て債券

日興コーディアル証券

ホーム　支店案内　コンタクトセンター　Q&A・お問い合わせ　サイトマップ

お取引コース（総合・ダイレクト）　サービス案内　株式　投資信託　債券　年金・保険

現在のページ: ホーム > 債券 > 事業債(既発)

事業債(既発)

債券

企業など一般の法人が発行する債券です。

事業債(既発)情報一覧

毎日午後1時頃更新(表中の条件は2009年3月26日午前9時現在)
既発行債券の利回りは約定日から原則4営業日目で計算しております。
購入条件は変動いたしますので、ご購入の際には必ず日興コーディアル証券の窓口までお問い合わせください。
また数量に限りがございますので売切れの場合はご容赦ください。

銘柄	利率	償還日	残存(年)	利払日	参考価格(円)	利回り	税引後	格付	額面(円)
#1 DOWAホールディングス(無担保社債)	1.21%	2009/12/18	0.72	06/18 12/18	100.19	0.94%	0.70%	A(JCR)	100万

オンライントレード　ログインはこちら

検索　○サイト内　○株価　検索

- 用語集はこちら

文字の大きさ　小　中　大

口座開設はこちら

関連情報

- 個人向け国債
- 既発外貨建て債券

日興コーディアル証券　ホームページより抜粋。（2009年3月26日時点）新発債（上段）・既発債（下段）のページ。今取扱中の事業債（＝社債）銘柄が一覧で見られる。
http://www.nikko.co.jp/bond/yen/index.html
http://www.nikko.co.jp/cgi-bin/bond/yen/corp.cgi

ページをみれば毎日10程度の情報がのっています。あと、日本証券業協会では、1億円単位のものも含めて、ほとんどの債券の参考価格がのっています。

さて、どこで買うかなのですが、個人向け国債は郵便局や銀行でも取り扱っていますが、国債以外のいろいろな金融商品にアクセスするために、証券会社の口座を開きましょう。口座を開くだけならどの証券会社でもたいした手間もなくすぐにできます。

ではどこの証券会社にするかですが、ふつうはここで売買手数料の安いネット証券をオススメするのですが、債券に関しては購入価格に手数料もふくまれているので、むしろ野村証券や大和《だいわ》証券、そして僕もいろいろとお世話になっている日興コーディアル証券など伝統的な証券会社の方がオススメです。

債券のまとめ

- 債券とは「借金の証書」
- 債券は株式に比べて、はるかに安全
- 債券にはリスクに応じて「とても安全」「安全」「危険」な3つのタイプがある
- 債券には償還期限によって「短期」「中期」「長期」がある
- 固定金利の債券には金利変動リスクがある
- 「安全」な公社債には金利変動リスクに加えて、信用リスクがある
- 個人向け国債は1万円から、個人向け公社債は10万円からで100万円単位が多い
- 「危険」な債券は、格付けがBBB格以下の「ハイイールド債」

債券 投資オススメ度 5

※国債、投資適格公社債は本書イチオシ。ただしハイイールド債は危険。

※巻末（P.226）に、本文で紹介した金融商品の取扱場所や手数料、リスク等がすぐわかる「必要資金別 金融商品早わかり一覧」を掲載しています。

PART.1

4 株式 前編

株式
安全性：★★★　収益性（期待収益率）：★★★

あなたの「株」のイメージは、どのようなものでしょう。

バクチ？

マネーゲーム？

楽して儲かる？

難しくて、お金持ちしか得できない？

これらのイメージはいずれも正しいといえるでしょう。株式は、本来はその企業に資金を提供することによって事業をサポートし、利益を分配してもらうためのもの。ですが、個人投資家にとってはあくまで単なる資産運用の道具の一つです。ですから、そのリスクの管理の仕方によって、バクチ的な危険な金融商品にもなれば、安全な金融商品にもなるわけです。

株をやる上でいちばん問題なのは、リスクとリターンも理解せず、「**株主優待**[※1]がつくから」「配当が高いから」など、テレビや雑誌の情報に踊らされてパッと見の見た目のよさで購入してしまうことです。

※1_株を持ってるとその企業からもらえる特典。航空券の割引券、ビール詰め合わせなど、企業によりさまざまなものがある。

もちろん、本書をここまで読まれてきたみなさんは、リターンの高い商品はリスクも高いということはよくわかっているはずですから、「株主優待や配当がお得ということは、そのぶん株式自体のリスクが高そうだ」ということはすぐにわかると思います。

もちろん、ローリスク・ハイリターンの商品というのも、市場の歪みによってときどきは発生します。けれど、そんな“お宝”をテレビや雑誌がいうほど「かんたん」に見つけられるはずもありません。外資系の名門投資銀行の株式調査部が、朝から晩まで働きづめたあげく見つかるか見つからないかという代物です。

そして、そんなレアな情報が、テレビや雑誌のようなタダ同然で手に入るメディアに流れるはずもありません。

ですから、一攫千金をねらうのではなく、ここでは株式のリスクとリターンの関係を少しだけ勉強しましょう。

その上で、リスクを管理しながらおこなう株式の運用について勉強していくことにします。

そもそも株ってなんだっけ?

株式とは、株式会社という“お金儲け”、すなわち事業を営む団体が、その事業に投資してくれた人に対して出資してくれたことを証明する書類（有価証券）です。（株主総会の議決権なども含まれていますが、それは数億円単位で株式を持ってはじめて関係がある話ですから、ここでは無視します)。

基本的には、お金を出資してあげた代わりにその会社の利益をうけとる権利です。お金を出してあげたお礼ですね。

では、これを“金融商品”としてみると一体どういうものなのでしょう。

あなたがある会社の株式を買ったとしましょう。その会社は、毎年利益をうみだします。金額はいくらになるか決まっていません。その一部を配当として株主に渡し、残ったものを自社の事業に再投資したりします。ということは、いくらもらえるのかわからないということです。

ですから、株式は「収益率が決まっていない金融商品」だということです。そしてなにより重要な特徴は、債券とちがって償還期限がないというところです。つまり、株は売らないかぎり投資したお金は返ってきません。

そう、株式は買うものですが、売ることもできます。そしてこの株式の値段が日々変動するので、安く買って高く売れば、それだけ利益をあげることができるわけです(これを**キャピタル・ゲイン**と言います。一方、配当で得る利益は**インカム・ゲイン**です)。そして、この売買を仲介しているのが**証券会社**などです。

株は安く買って
高く売ればいいわけデスネ

●株価を見てみよう！

銘柄	始値	高値	安値	終値	前日比	売買高

【第三種郵便物認可】

東京第1部

3月9日
（月曜日）

銘柄	始値	高値	安値	終値	前日比	売買高
水産・農林						
•極　洋	182	182	177	177	▲5	167
Ȧ日　水	219	222	219	220	△4	1067.9
•マルハニチロ	111	112	106	107	▲4	3180
Ȧサカタタネ	1259	1260	1227	1232	▲11	62.4
Ȧホクト	1815	1852	1815	1832	△26	150.9
鉱業						
Ȧ住石HD	63	64	61	61	▲1	105.9
•日鉄鉱	288	295	284	287	▲6	272
•三井松島	82	82	72	73	▲8	6214
Ḃ国際石開帝石	6400	6540	6390	6480	△280	9076
•ガス開	519	527	517	520	△3	42
Ȧ石油資源	3740	3790	3670	3710	△120	382.7
建設						
Ȧショーボンド	2000	2010	1971	1989	△39	172.6
Ḃダイセキ S	1711	1711	1600	1644	▲92	44
Ȧハザマ	78	81	78	80	△1	103.1
Ċ東急建	216	216	210	210	▲11	67630
•コムシスHD	744	758	723	737	▲8	1466
Ȧミサワホーム	197	197	191	191	▲4	69.9
Ȧ高松グループ	1564	1605	1560	1574	▲6	35.3
Ċ東建コーポ	2085	2100	2000	2030	▲25	19560
•アツギ	128	129	126	127	▲2	676
ダイニック	98	100	98	99	▲2	30
Ȧセーレン	444	454	443	445	▲4	60.5
東海染	59	60	59	60	0	6
•小松精	375	375	372	374	▲2	12
•ワコールHD	1085	1093	1078	1085	▲9	239
Ȧホギメデ	5520	5550	5440	5520	△30	52.1
Ȧサンエーイン	577	593	565	570	▲17	14.2
Ȧレナウン	118	120	118	118	▲1	31.1
Ȧクラウディア	1055	1088	1051	1051	▲4	1.2
•三陽商	297	297	292	295	△2	279
•ナイガイ	47	47	46	47	0	64
•オンワード	535	546	527	529	▲15	611
•シルバオクス	29	30	28	28	▲1	73
•ルック	63	63	61	61	0	110
•ゴルドウイン	120	121	119	120	▲1	39
•東スタイル	586	589	575	575	▲3	186
•デサント	269	269	257	259	▲18	176
Ȧヤマトインタ	330	330	320	320	▲10	0.3
パルプ・紙						
•特種東海HD	247	254	243	248	△1	131
•王子紙	349	355	342	344	▲10	4105
•三菱紙	117	118	116	116	▲1	586
Ė北越紙	358	365	349	350	▲7	876.0
•中越パ	225	225	218	218	▲6	109
•巴川紙	190	201	187	200	△11	854
•大王紙	777	777	738	743	▲60	367

※日本経済新聞　証券1面より（2009年3月10日付）

日本経済新聞には毎日、このような表が掲載されています。これは東京証券取引所の1部に上場した銘柄の一覧です。
業種別にまとめられてるのがわかると思いますが、タイトル真下の用語を簡単にご説明しておきましょう。

- ●銘柄：企業名です
- ●始値（はじめね）：その日の売買スタート時点の株価
- ●高値（たかね）：その日の最高株価
- ●安値（やすね）：その日の最低株価
- ●終値（おわりね）：その日の売買終了時点の株価
- ●前日比：前日の終値と、その日の終値との比較
- ●売買高：総額いくら分の取引がされたか

株はどこで取引されている？

では、証券会社はどこで株を売買しているのでしょうか。

よく株式市場という言葉を聞くと思いますが、ここで言う「**市場**」は、目で見ることのできる場所のことではなく、株式を含む有価証券が売買されている場という抽象的な概念です。「**マーケット**」とも言われています。

そして、このマーケットという場を具現化した、目で見ることのできる場所が「**証券取引所**」です。東京証券取引所（東証）、大阪証券取引所（大証）など、聞いたことありますよね。

以前は、魚市場の競《せ》りのような雰囲気の中で取引されていた株式ですが、現在では電子化されているので、人はほとんどおらず、実際に現在の日本では人と人の取引もされていません。象徴的に電光掲示板で株式情報がぐるぐる回っているだけです。「売買が行われている場」の提供が取引所の使命のひとつになっているわけですね。

それから、この取引所での売買対象商品として登録されることが「**上場**《じようじよう》」です。野球でいえばドラフト指名のようなもので、それなりの実績や実力のある企業でなければ、ここの土は踏むことができません。一部上場、二部上場というのは、一軍、二軍と同じようなニュアンスでとらえていただいてかまいせん。

じゃあ、一般の投資家が買えるのは
上場している株？

その通り！

株価は利益で変動する

さて、上手に売買すれば稼げるのですから、株で一番重要なのは**株価**であることは言うまでもありません。そして、その株価は、企業の利益が変動すればその影響をうけて変化します。おおざっぱに言うと、利益が10％上がれば株価は10％上がり、2倍になれば2倍です。逆に利益が半減すれば、株価も半分です。

もちろん、株価の期待収益率（リターン。P.71～P.75で解説）を決める「株式リスク」は常に変化するので、現実はここまでかんたんではないのですが、単純化すればこういった話になります。

そこで、いざ株を買おうというとき、その企業の利益の大小を判断する指標が必要になってきます。

企業の利益を計る有名な指標は**EPS**《イーピーエス》です。また、その株式がどれだけお買い得かを計るのが、これまた有名な**PER**《ピーイーアール》という指標です。アルファベットに苦手意識を持つ人もいるかもしれませんが、この2つは覚えておくととても役に立つ上、そこまで難しくないので少しだけお付き合いください。

EPSとPERを覚えよう！

株を理解するにあたり、まず覚えたいのが「**一株《ひとかぶ》当たり利益**」という概念です。

この計算方法は単純で、たとえば100億円の利益をあげたA社が1億株発行していれば、割り算して一株あたり100円です。アルファベット3文字をあてて「**EPS（Earnings Per Share）**」とも呼ばれています。株の世界ではほとんど常識みたいな用語ですのでよく理解してください。

●EPSの概念図

クマ＝5匹　株

魚（収穫）＝150匹　利益

1匹当たり収穫＝30匹　EPS

それでは、EPSと株価はどういった関係にあるのでしょう？

上記のA社のEPSは100円でしたが、これを「その会社にふさわしい期待収益率」で割ると株価が出てくるのです。たとえばA社はそのリスクから考えて、10％の収益率が妥当だとマーケットがみなしたとします。10％とは0.1のことですから、A社の株価は、

100円 ÷ 10％（0.1）＝ 1,000円

といった具合に1,000円になります。

そして、逆にこの株価の収益率がいつでもわかるように、株価をEPSで割った「**PER（Price Earnings Ratio, 株価収益率）**」が、とても有名です（前の例なら、1,000円÷100円＝PER10）。

このPERは、たとえば株価の期待収益率が10%ならPER＝10、5%ならPER＝20というように、期待収益率とかけるとちょうど100になるようにできています。ですから、PERは低いほど期待収益率が高いので、“割安感”をみる指標として有名なのですね。

株価を決めるのは実績ではなく将来の予想

「株価はEPSの影響をうける」、これは株式の勉強をしていく上でとても重要な要素になってきます。

そしてここで重要なのが、株価に影響を与えるのは「過去の利益（実績EPS）」でなく、今後の「予想された将来の利益」だということです。この予想の基準値となるのが「**予想EPS**」です。この数字はあくまで予想ですからもちろんはずれもします。そして、この「はずれるかもしれない」という不確実性こそが、株式の“バクチっぽさ”（投機性）を高めているゆえんでもあります。

企業の経営者は業績予想を立てて、この利益を予想しています。しかし、景気動向なんて実際のところ誰にも正確にはわかりませんから、この業績予想はしばしばはずれます。仮に当たったところで、0.1%単位の誤差で当てることなど経営者でもできません。

ですから、業績予想が修正されたり、決算が出て正確な利益が決まって、予想と違うものになると株価は大きく動きます。

つまり、経営者より正確に利益を予想することができれば、株価が実際に動く前に売るなり買うなりして巨万の富を得ることもできるわけですね。これが僕たちや世界中のアナリストがおこなっている「**ファンダメンタルズ**[※2]**分析**」です。

ワンポイントレッスン

企業はときに業績を過大・過小に報告したり、予想したりすることがあります。過大に評価するときは、株価の維持といった目的のためです。しかし、過大な業績報告をして、法律にふれるとなると粉飾決算になってしまいます。また、過大な業績予想は、あとで経営責任を問われることもあります。ですから、業績報告や業績予想はまったくのでたらめというわけではありませんが、きちんと財務諸表を読むと数字がいじられていることも多いので、注意して見るに越したことはありません。

また、過小評価する場合もありますが、これは例えばV字回復を演出するためなど目的は実に様々です。

しかし、読者のみなさんにやっていただきたいのは、こんな“当てもの”ではなく、金融商品として「お金に働いてもらう」ことのはずです。言い換えれば「投機」ではなく「投資」です。ですから、そういった視点で引き続き株式を解説していきます。

※2_国や企業の経済状況・経営状況のこと。それを分析するのがファンダメンタルズ分析という。対して「テクニカル分析」は株式の価格変化や売買状況の分析のこと。

●詳しい株価情報はインターネットで

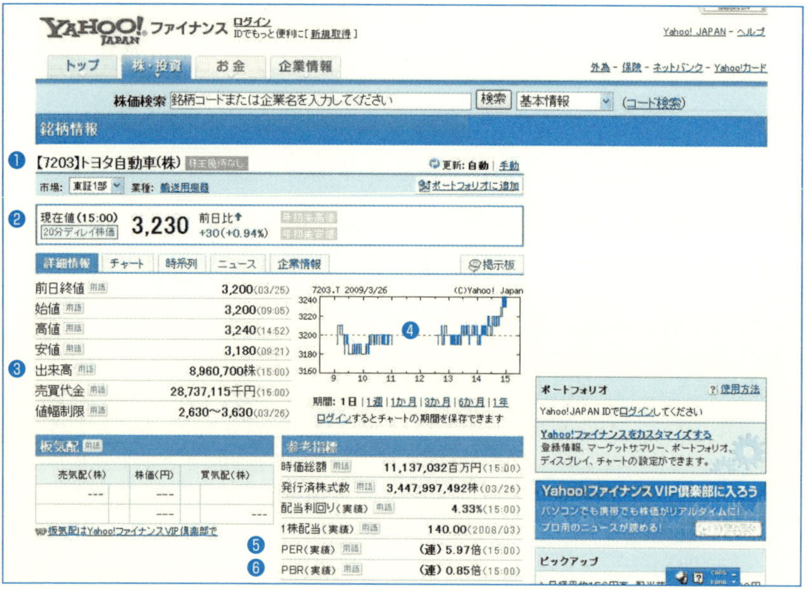

※Yahoo!JAPANファイナンス銘柄情報より（2009年3月26日時点）

さきほどは日経新聞をご紹介しましたが、株の情報はネットでもカンタンに見られます。上はYahoo!JAPANファイナンスのページ。基本的なところだけ軽く説明しておきます。

❶企業名はここ。左の4桁はその銘柄の「証券コード」です。
❷現在の株価（やや遅れた情報です）
❸出来高とは「取引された株数」のこと。
❹株価の推移グラフ
❺PERです。本文で説明したのは「予想PER」で、ここに載っているのは「実績PER」です。
❻PBRはそこまで重要でないので本章では省きましたが、P.212に説明があります。

株は大きく2つに分けられる

執筆時現在、株式市場に上場している企業は、東京証券取引所だけで2,389社、大阪証券取引所が1,032社、他にもJASDAQ他、名証・札証などに上場している企業があります。複数の市場（取引所）に重複して上場している企業もあるので、実質的には単純に足した数よりは少なくなるでしょう。これらが、株式の「**銘《めい》柄《がら》**」として日々取引されているわけです。

しかし、日本だけでこれだけの数の銘柄があると、どう選んだらいいのか、ちょっと途方に暮れてしまいますよね。次のように大きく2つに分類すると、だいぶわかりやすくなります。

この分類は、その会社の利益が、景気の変動にどれほど敏感に反応するかがポイントになります。なぜなら、さきほどEPSのところでお話ししたとおり、利益は株価に影響するからです。景気のよしあしがその会社の利益に大きく影響するなら景気敏感銘柄、一方、景気がよくても悪くても利益があまり変わらない会社ならディフェンシブ銘柄です。

では、まず**景気敏感銘柄**から説明しましょう。

景気敏感銘柄とは、たとえば、大型液晶テレビなんかを作っている会社の株を思い浮かべればわかりやすいと思います。景気が良いときはイケイケドンドン、しかし景気が悪くなると大型テレビなんてないならないで困らない上に高いのでパタっと売れなくなる——と、そんな感じの銘柄です。ですから、景気がいいときは株価が市場平均より上がりやすいのですが、また一方で景気が悪くなると一番先に値を下げる銘柄です。トヨタ、SONY、Panasonic……我が国が世界に誇る国際優良企業が業績の下方修正や赤字転落をしたというニュースがつぎつぎと飛び込んでくるのは、これらの銘柄がまっさきに金融危機による景気悪化の影響を受けるからなのです。

こういった産業には、これら自動車や家電メーカーのほかに、紙、パルプ、鉄鋼、化学などの工業の原料や半製品をつくり出す産業、あるいは工作機械、運送（特に空運・海運）などがあげられます。

変な言い方をすれば、好況のときに大きな顔をしている企業は、ほとんどが景気敏感銘柄です。たとえば、電機関連などつい半年や1年前は過去最高益を出して誰もがにこやかだったのですが、リーマン・ショックが起きるか起きないかのところで業績の大きな下方修正、さらには赤字修正にせまられました。とにかく、株価が上がりやすく下がりやすい株。それが、景気敏感銘柄です。

株価がよく動くのが景気敏感銘柄！

つづいて、**ディフェンシブ銘柄**です。

投資対象としては危険な部類に属する株式の中でも、比較的ディフェンシブ（防御型）、つまり値崩れしにくい銘柄です。これには医薬品、食品、鉄道などのインフラ系などがあげられます。

不景気になっても病気はするし、お腹はすくし、電気をつけなきゃ真っ暗ですし、通学・通勤には電車を使わなくてはいけません。だから、これらの企業の利益は減りにくいということです。しかし、景気が良くなったところで、病気の回数は増えませんし、胃袋はおなじ大きさですし、テレビをつけっぱなしにすれば“でんこちゃん”に怒られますし、一日に2回も3回も学校や会社に行ったりはしませんから、利益は大きく増えることはありません。

こういった、利益が増えにくく減りにくいもの、言い換えると、株価が上がりにくく下がりにくい株（利益は株価に影響を与えますから）をディフェンシブ（防御型）銘柄と言います。

ざっくり言ってしまえば、「攻め」の景気敏感株と「守り」のディフェンシブ株と覚えてください。

株価がどっしり安定しているのが
ディフェンシブ銘柄！

※

次に、株価をざっくりと分類するもうひとつの方法を見てみま

しょう。それは、株価と発行済み株式数でかけた「**時価総額**[※3]」によって2つに分ける方法です。

なぜ500億円かというと、プロ（機関投資家）のおよその目安として「時価総額500億円以上の銘柄しか買わない」というものがあるからです。大きな金額を売買できないものが避けられているわけですが、要はでかい仕事にならないからやらないってことです。このことはすなわち、時価総額500億円以下の株式ならば、ローリスク・ハイリターンなおトクな株が放置されて転がっていたりすることもある、ということです。この分類は絶対的なものではなく、東証は違う分類をしているんですけどね。

ここまでで株というもののおおよそのイメージはつかめたでしょうか。ちょっと自信がないという方は、ざっと復習してみてください。特にPERとEPSの話は重要です。

それでは、ここからは実際に株を購入する際の鍵となる、株のリスクとリターンの関係を見ていきます。

※3_発行株式数×株価。会社の値段と言われる。

株式の収益率とは？

この本の最初にお話ししたとおり、全ての金融商品は収益率でリスクとリターンを比較することができます。ここまでにも銀行の定期預金は何パーセント、公社債は何パーセント、という風に数字で見てきたからこそ、みなさんもそのリスクとリターンを感覚的につかめましたよね。

一方、株には固定された収益率がありません。すでにお話ししたとおり、最初から収益率を固定にする預金や債券と違い、企業の業績によって投資家が得られる収益が変化するからです。

ただ、それではあまりに雲をつかむような話で、出資するほうも気持ちが落ち着きませんよね。そこで登場するのが「**期待収益率**」という数字です。簡単に言うと、「業績予想から考えると、収益率はたぶんこれくらい」というものです。

これはあくまで「期待値としてこのくらい」という話ですから、実際にはその期待収益率を上回ることもあれば、下回ることもあります。

この期待収益率をさきほどのように分類してわかりやすく式にすると、

株式の期待収益率 ＝ **長期国債の利回り** ＋ **株式プレミアム** － **利益成長率**

となります。

少し解説しておきましょう。

まず、債券のときにも似た式を出しましたが、国債が出てくるのは、全ての金融商品のリスクは「長期国債の利回り＋その商品独自の上乗せ利率」になる、という金融の基本原理からでした。この考え方はこのあとも何度か出てきますので、覚えておいてください。

次に「**株式プレミアム**」ですが、これはわかりますね。個々の銘柄が危険であれば、つまりその企業の経営が危なっかしければ、その分「株式プレミアム」も大きくなります。株価の利率は企業の健全性によって決まるということです。

最後の「**利益成長率**」は下のコラムにまとめました。「ふーん」という程度に軽く読んでいただければOKです。

ちょこっとコラム

ちょっと細かい話ですが、通常、企業は毎年すこしずつ成長します。国の経済成長みたいな自然な伸びの部分です。仮に毎年1%成長しているとすると、その「自然成長」の分は引いて考えないと、正確に「期待収益率」を評価することができません。この「自然成長」を引かないで計算すると、期待収益率が実態以上に高く出てしまいます。

とはいえ、引いた部分がどこかに消えてしまう訳ではなく、翌年EPSが期待したとおりに上がれば、きちんと計算上は戻ってきます。要は、翌年値上がりする分を内々に計算に入れておこうという訳なんですね。

日経平均の期待収益率

では個々の銘柄でなく、株式全体としての期待収益率はあるのでしょうか。

正確には“全体”ではありませんが、それに類するものとして日経平均が使えます。いくつかの有名銘柄の平均値ですね。そして、日経平均の場合、今までからの値動きから中長期的に計算するとこの株式プレミアムは5～6%だと言われています。今は期待収益率は1.26とかなり低くなっていますが、これはリーマンショック後の「異常値」だと考えられます。通常の日経平均の株式プレミアムは5～6%とされています。

つまり、中長期的に見れば、日経平均の225銘柄全てを買っておけば「長期国債の利率＋（5～6%）－利益成長率」の期待収益率が期待できるということです。

普通なら必ず期待通りになるというのなら、これはすばらしいですね！ だまっていても5～6%程度の利益が生まれるのですから、株で失敗する人なんていなくなります。

しかしお察しのとおり、残念ながらこれはあくまで「期待できる収益率」であって、実際の収益率ではありません。「期待収益率」が「期待収益率」たるゆえんはここにあります。もう少し詳しく説明しましょう。

期待は外れることもあるゾーってこと!?

“期待”収益率の正体

期待収益率と言うのは、市況が現在と完全に同じで、現在立てられている予想が完璧に当たったときに得られる収益率のことです。実際のところ、ありえない話です。

なぜそんなありえない話が登場するかというと、数学の時間の「**期待値**」というのを思い出してください。2分の1の確率で100円もらえて、2分の1の確率で300円もらえれば、(100円＋300円)÷2＝200円で、期待値は200円です。しかし、このケースでは実際にもらえるのは100円か300円のどちらかであって、200円をもらえることはありえません。

この期待収益率を計算するときの理屈は、「**ランダムウォーク仮説**」と呼ばれる株が上がるか下がるかなんて誰にもわからない、という教えを前提にしています。つまり、実際の収益率が予期されている収益率以上になる確率と以下になる確率は五分五分ですから、平均をとると**予想収益**（業績予想で示されている収益）が期待収益率になるという話です。

というわけで、株価の期待収益率というのは、いわば「どうなるかわからないけれど、間をとってだいたいこれくらいだろう」といったものなのです。がっかりでしょうか？

このランダムウォーク仮説を全て信じているかと言えば、僕は半信半疑です。経済学や金融工学の世界では、「本当に正しいかどうかは別にして、一番説明しやすいからみんなでこれを使うことにしよう」という理論が、意外と数多くあります。この「ランダムウォーク仮説」にしても、いまだに賛否両論です。

しかし、マーコヴィッツという偉い学者先生の業績で、統計学的に証明された有名なある投資セオリーがあります。

「**一つのカゴに卵を盛るな**」

つまり、マーコヴィッツの仮定のもとで**分散投資**をすれば、リスクが低くなるということです。いわゆる、ポートフォリオ（P.105）のお話です。これはあとで詳しく触れます。

一種類の株しか持ってないと危険ってヤツだ！

ところで、いわゆるふつうの株本ならば、ここで企業の財務諸表（決算書）の読み解き方にふれるところですが、本書ではあえて個別業績の読みとき方にはふれないことにします。

というのも、財務諸表の読み方はやはり簡単ではないので、きちんとやれば本1冊では足りないからです。プロに必須の知識であることは言うまでもありませんが、資産運用を目的とした初心者にそこまで必要かどうかは疑問です。逆に中途半端な知識がじゃまをして投資判断が鈍ったりすることもままあると思います。また、財務諸表をみて苦労して選んだ会社の株が不正会計で暴落なんていうことがあっては元も子もありません。

そこで本書では、財務諸表については触れずに、マーコヴィッツの分散投資理論にもとづいた**株価指数投資**をオススメします。

そこでまず、株価指数について知っておきましょう。

株価指数ってなんだ？

「**日経平均**」や「**TOPIX**《トピックス》」という言葉は、ニュースでも必ず触れますからみなさんもいつも耳にしていると思います。これらが**株価指数**と呼ばれるものです。

マーケットでは毎日たくさんの株式が取引されます。しかし、マーケットが全体としてどういった方向にむかっているのかがわからなければ、投資のしようがありません。

そのニーズをみたすためにつくられたのが、株価指数（**インデックス**）です。単純平均や**時価総額加重平均**※4などいろいろな求め方がありますが、基本的にはたくさんの銘柄を持ってきて割り算すればいいという発想です。

たくさんの株の平均値が株価指数カパ!

具体的には日本経済新聞社が独自の基準で選んできた225銘柄の株価を、分割調整※5をしたあと、全部足して単純に割ったのが日経平均です。しかし、これには問題があって、会社の大きさをあらわす時価総額が大きい銘柄よりも、「**値がさ銘柄**」とよばれる分割調整後の一株あたりの株価が大きい株が大きな変動要因になってしまうのです。つまり、日本を代表しているかどうかよくわからない

※4_企業の値段（＝時価総額）が高い企業ほど、平均値に大きく影響するような平均方法。
※5_株式は高くなりすぎると、売買しやすくするために、いくつかに小分けにする（株式分割）ことがあります。例えば、一株10万円になったら、それを一株1万円×10株にするなど。これを考慮にいれた計算が分割調整です。

企業の株価の変動で、日経平均全体が動いてしまうのですね。現在では、国際優良企業株やテクノロジー株が「値がさ銘柄」だと言われています。つまり、景気敏感株の影響がより大きくなってしまうわけです。長い伝統と歴史を誇る日経平均ですが、こういった特徴から「操作しやすいのではないか」と言われています。

一方、TOPIXは東京証券取引所一部上場企業の全株式を時価総額に応じて足して平均した時価総額加重平均（厳密には浮動株基準[※6]）をとっています。このため、日経平均にくらべて特定の企業や業種の影響をうけにくくなっています。

財務諸表を読まない株の買い方と分散投資

ここでさきほどの言葉を思い出してください。「一つのカゴに卵を盛るな」、すなわち、株も少ないよりはたくさんの銘柄を持っていた方がよりリスクが低下するということでしたね。

たとえば3つしか銘柄を持ってなかったら、そのうちひとつがつぶれると3分の1がなくなりますが、100コの銘柄を持っていたら1つがつぶれてもあまり影響はないということです。

そうです。株をひとつひとつ選んで個別株のリスクにわずらわされないように、株をまとめ買いしてしまえばいいんです。このときに役に立つのが、株価指数なのです。

もちろん、たくさんの種類の株を少しずつ持つことによって個

※6_普段は市場で売買されていない株は除く、ということ。

別株のリスクをヘッジするのですから、必然的に個別株プレミアムともいえる業績が良く市場平均以上の利益を出した企業の株式も、株式指数の中の平均以下の業績の株式と相殺されてしまいます。しかし、本書の読者のみなさんは株で食っていくわけではなく、あくまで資産運用なのですから、それでいいのではないのかな、というのが僕の意見です。

さて、この株のまとめ買いですが、自分で一つ一つ買っていったら売買手数料も膨大になりますし、売買金額も巨額になります。

こういう時に便利なのが**ETF（Exchange-Traded Fund）**です。

ETFとは

ETFとは上場投資信託のことですが、投資信託について詳しくは次章でやりましょう。ここではとりあえずETFは「たくさんの株のバラエティ・パック」だと思っておいてください。ETFはそのパック自体に「証券コード」（P.66で例を見ましたね）が割り当てられ、個別の株と同様に市場に上場されています。お惣菜のパックにいろいろあるのと同様、ETFにもいろいろな種類があります。

いろいろあるとなると、どれを買うべきかとまどうかもしれません。しかし、僕たちの目的は個別株リスクをヘッジして、5～6％の株式市場プレミアムを得ようということですから、日経平均かTOPIXのETFでかまいません。時価総額加重平均でより信頼性の高いTOPIXの方がオススメです。これは、東証一部上場の

●株価指数連動型ETFの概念図

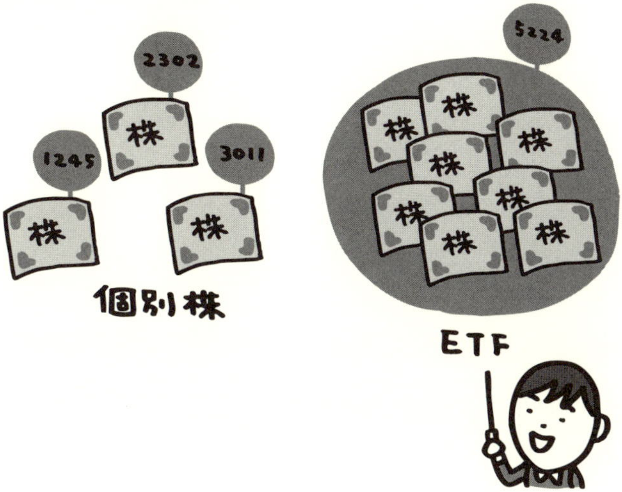

全業種の株をパックしたものです。

> **国内インデックス連動ETF**
> 安全性：★★★　収益性（期待収益率）：★★★

　それから、各業種についてパックした業種別指数ETFもあります。TOPIXの業種ごとにパックしたものがわかりやすいでしょう。もしも、一定の経済判断があり、業種を選びたいというのならこちらもオススメです。たとえば、現在のような下げ相場を経験しても、医薬品・食品・ガス・鉄道などのディフェンシブ銘柄は前年比でも小幅な下落にとどまっています。逆に景気回復局面ならば、景気敏感の電気機器などが高い上昇率を見こめるはずです。不動産の回復もすさまじいでしょう。とはいえ、この見きわめはむずかしいですけれどね。

これらの株のパックであるETFは、同じ指数パックでも運用会社によっていくつもあり、それぞれで保管や管理の手数料などがちがってきます。購入の際はよく検討してみてください。

次に代表的な運用会社の日経平均、TOPIXのETFを掲載しておきます。株式はここで一旦ブレイクにしましょう。

ETFの例

TOPIX

コード	
1305	ダイワ 上場投信 - トピックス
1306	野村 TOPIX連動型上場投資信託
1308	日興 上場インデックスファンドTOPIX

日経225平均

1320	ダイワ 上場投信 - 日経225
1321	野村 日経225連動型上場投資信託
1329	iシェアーズ 日経225

TOPIX-17業種別

1617	NEXT FUNDS 食品（TOPIX-17）上場投信
1618	NEXT FUNDS エネルギー資源（TOPIX-17）上場投信
1619	NEXT FUNDS 建設・資材（TOPIX-17）上場投信
1620	NEXT FUNDS 素材・化学（TOPIX-17）上場投信
1621	NEXT FUNDS 医薬品（TOPIX-17）上場投信
1622	NEXT FUNDS 自動車・輸送機（TOPIX-17）上場投信
1623	NEXT FUNDS 鋼鉄・非鉄（TOPIX-17）上場投信
1624	NEXT FUNDS 機械（TOPIX-17）上場投信
1625	NEXT FUNDS 電機・精密（TOPIX-17）上場投信

1626	NEXT FUNDS 情報通信・サービスその他（TOPIX-17）上場投信
1627	NEXT FUNDS 電力・ガス（TOPIX-17）上場投信
1628	NEXT FUNDS 運輸・物流（TOPIX-17）上場投信
1629	NEXT FUNDS 商社・卸売（TOPIX-17）上場投信
1630	NEXT FUNDS 小売（TOPIX-17）上場投信
1631	NEXT FUNDS 銀行（TOPIX-17）上場投信
1632	NEXT FUNDS 金融（除く銀行）（TOPIX-17）上場投信
1633	NEXT FUNDS 不動産（TOPIX-17）上場投信
1634	ダイワ 上場投信・TOPIX-17食品
1635	ダイワ 上場投信・TOPIX-17エネルギー資源
1636	ダイワ 上場投信・TOPIX-17建設・資材
1637	ダイワ 上場投信・TOPIX-17素材・化学
1638	ダイワ 上場投信・TOPIX-17医薬品
1639	ダイワ 上場投信・TOPIX-17自動車・輸送機
1640	ダイワ 上場投信・TOPIX-17鉄鋼・非鉄
1641	ダイワ 上場投信・TOPIX-17機械
1642	ダイワ 上場投信・TOPIX-17電機・精密
1643	ダイワ 上場投信・TOPIX-17情報通信・サービスその他
1644	ダイワ 上場投信・TOPIX-17電力・ガス
1645	ダイワ 上場投信・TOPIX-17運輸・物流
1646	ダイワ 上場投信・TOPIX-17商社・卸売
1647	ダイワ 上場投信・TOPIX-17小売
1648	ダイワ 上場投信・TOPIX-17銀行
1649	ダイワ 上場投信・TOPIX-17金融（除く銀行）
1650	ダイワ 上場投信・TOPIX-17不動産

ひとやすみ

サークル「東京大学株式投資クラブAgents」

「OB全員が名だたる外資系企業や主要官公庁に入っているから」という不純な動機で大学2年の春に入ったのサークル、東京大学株式投資クラブAgentsについて、ちょっとだけお話させていただきます。

2004年に先輩方が書いた「東大生の書いたやさしい株の教科書」（インデックス出版）を知っている方もいらっしゃるかもしれませんが、ここでは金融についてのプロ顔負けの熱い議論が日夜闘わされています。

株式投資クラブと銘打ち、実際に日本株式を軸にはしていますが、本書でやたらと債券の話をしているように最近ではどちらかというと「何でも屋」です。

最初はあくまで冗談半分で、世界に通用するように中国語っぽく「"最強投資集団"を目指そう」と、これをメディア向けに打ち出していたのですが、テレビや雑誌の出演も増え、さらには「投信王」で団体部門優勝までいただいてしまって、“最強投資集団”もあながち冗談ではなくなってきました（所属している身としては嬉しいことです）。

最近、ソウル大学からも仲良くしましょうというメールがきたので、来年度はもっとグローバルに活動できればなと思っています。“世界最強投資集団”、もちろん冗談半分ですけどね。

東京大学株式投資クラブAgents　　http://ut-agents.com/

PART.1

5 株式 後編

買いのタイミング

さて、株式の後編です。

ここでは、いよいよみなさんの一番の疑問にお答えしようと思います。「いつ、買えばいいのか」、あるいは金融危機に直面している「今、買ってもいいのか」についてです。

もちろん、僕も完全な答えはもちあわせていません。しかし、ヒントくらいは言うことができます。

ただ、本題に入る前に強調しておきたいことがひとつあります。僕がこれから計算してご提案する「数字」は常にアテになる値ではないということです。本書を通してみなさんに得ていただきたいのは、「考え方」です。それをもとに、日々動く経済の荒波の中、「自分で」タイミングを見分けられるようになることが大事だと思っています。

前口上が長くなってしまいましたが、本題にまいりましょう。ここは若干ややこしいので、飛ばしてP.91の「ヘッジファンド手法」に進んでしまってもかまいません。投資はなにも株式だけではありませんからね。

さて、そもそも買い時とは何かというと、それは「割安」なときということですね。「割安」とは、リスクのわりにリターンが大きいということです。ここでさきほどの話を思い返してみると、

株式の期待収益率 ＝ 長期国債の利回り ＋ 株式プレミアム － 利益成長率

みなさんが口々に「いつが買い?」を話題にするときは、だいたい「日経平均がいくらになったら」という話し方をしていると思います。ですからここでは、それを割り出してみようと思います。そうすると、

日経平均期待収益率 ＝ 長期国債の利回り ＋ 日経平均の株式プレミアム － 利益成長率

ですね。ここからこの式を足場に、以下、3段階で結論まで進んでいきます。

まずは**第一段階**。

「これ以上ならお買い得（少なくとも割高ではない）」という日経平均の期待収益率を出します。

上の式に各数値を代入して得られるのは、この長期金利、この株式プレミアム、この利益成長率の状況ならば、日経平均の期待収益率はこのくらいが妥当でしょう、という数字です。つまり、その妥当な期待収益率以上であれば、少なくとも割高ではないということが言えますよね。

長期国債の利率は「**長期金利**」として新聞にものっています。執筆時現在なら1.27%です。そして日経平均の標準的な株式プレ

ミアムは5～6%でした（P73）。5～6%とブレがあるのは需給要因で株価がゆれ動くからですが、ここでは高いほうの6%を基準にします（出た数字以上を割安と考えようというわけですから、厳しめに見ようというだけです）。

曲者は、一番うしろの「**利益成長率**」です。P.72のコラムでも触れましたが、この成長率を引いて考えないと株式リスクは正確に評価できないという話でした。株式マーケット全体の成長率は、日本経済全体の成長率と同じくらいだと考えられますから、日本全体の経済成長率である「**GDP成長率**」を参考にすればいいでしょう。

なぜ曲者かというと、参考にすると言ったところで、「じゃあ、その成長率はいくらなの?」という問題が一筋縄ではいかないからです。初心者がそう易々と推定できるものではありません。ただ、一つだけ言えることがあります。

「今（09年3月下旬現在）なら、0%より下である」

経済が悪化し、利益の下方修正があいつぐ昨今ですから、0%よりは下でしょう。つまり言い換えれば、09年春現在の日本においては、経済成長率はそんなに考慮に入れないでいい、ということです。たまたまですが、計算がラクな状況にあるというわけです。

つまり、上の式に「長期金利1.27%」「株式プレミアム6%」「利益成長率0%（以下）」をそれぞれ代入して、日経平均全体の期

待収益率を割り出すと、

期待収益率 ＝ 1.27％ ＋ 6％ － 0％（以下）

日経平均が7.27％が「妥当な」期待収益率です。つまり、それ以上のときは割安、少なくとも割高ではないということです。

最後の経済成長率を考慮に入れないでいい、としましたが、経済成長率がもっとマイナスだったらどういうことになるの？という疑問が残りますよね。

これは実際には大きなマイナス値は生じ続けることができないから、ゼロと考えるしかないということです。なぜかというと、「株式市場の成長率は“理論上”マイナスにはなり続けない」からです。簡単に言うと、赤字を出してる企業はつぶれるから、マイナスが伸び続けることはない、ということです。とはいえ厳密にいえば、こういったケースにこのモデルを適用すること自体にやや無理があるんですけどね。

※

さて、話が長くなりましたが、つづいて**第二段階**です。

上で出した「お得基準となる日経平均利率」をもとに、つぎは、割安の判断基準となる日経平均予想PERを出します。

予想PERを計算するのは、100÷期待収益率で出ますから、

100÷7.27≒13.81

基準は13.81です。先述したとおり、PERというのは「大きいほど割高」な数字でしたから、13.81「以下」だと少なくとも割高ではない水準だということになります。

言い換えると、日経平均の予想PERが13.81以下でないと、お得のかけらもないということです。

※

さあ、いよいよ**最終段階、第三段階**です。ズバリ「買い時は日経平均いくらか」を出します。

原稿を執筆し始めた2009年1月半ば時点ならば日経平均の予想EPSは515円だったので、これをもとに少なくとも割高ではない日経平均の値を出すと、

515 × 13.81以下 ＝ 7,112円以下　(EPS × PER ＝ 株価)

という結果でした。しかし、執筆しているあいだにどんどんとこの値は下がっていき、3月現在では予想EPSは100円ほどにまでになってしまいました。とすると、以上繰り広げさせていただいた簡易計算法を盲信するならば、

100 × 13.81以下 ＝ 1,381円以下

が“買い時”になってしまいます。いえ、僕もさすがに買い時の日経平均が1,500円などと言ったりはしません。

しかし、金融危機の現在、先行きがとても見えにくく、株を買

●日経平均のPERをチェック！

東証・ジャスダックの時価総額・利回り・ＰＥＲ・ＰＢＲ

（連結ベース）

◇時価総額（億円）

	①	②
東　証	2354007	29417
ジャスダック	66280	

・普通株式数（百万株）

	①	②
東　証	357229	13315
ジャスダック	12072	

・１株当たり時価（円）

	①	②
東　証	658.96	220.92
ジャスダック	549.02	

◇純資産倍率（ＰＢＲ、倍、前期基準）

① 225種	0.81
①３００	0.85
① 500種	0.83
①全銘柄	0.81
②全銘柄	0.51
ジャスダック	0.83

◇株価収益率（ＰＥＲ、倍）

	前期基準	予想
① 225種	8.22	68.55
①３００	8.80	49.74
① 500種	8.90	66.34
①全銘柄	9.55	68.85
②全銘柄	15.89	33.49
ジャスダック	23.72	33.49

◇株式益回り（％）

①全銘柄	10.46	1.45

◇平均配当利回り（％、売買単位換算）

	前期基準	予想
① 225種	3.08	2.73
①３００	2.92	2.73
①全銘柄	2.79	2.49
同　（加重）	3.17	2.87
②全銘柄	3.26	2.85
同　（加重）	3.27	2.85
ジャスダック	3.48	3.00

※日本経済新聞　マーケット総合1面　国内の株式指標より（2009年3月10日付）

日経平均のPERは日経新聞に載っています。青線で囲んだ「225種」というのが日経平均のこと。「前期基準」が実績PER、「予想」が予想PERです。

ネットでも見られます。→http://markets.nikkei.co.jp/kokunai/japanidx.aspx

うには適さない状況であるということだけは言えます。つまり、「だれが買っても株が上がる」ような状況がくるまでは「かんたん」な投資方法として株をすすめることはできないということです。

以上が僕なりの「買い時の考え方」の結論ですが、もう一度、声を大にして言いたいのは、

●「買い時」なんてものは日々の状況で刻々と変化するものということ。

それだからこそ、

●（条件設定なく）「日経平均××円のときです!」と言ってる情報ほど怪しいものはない。

ということです。それ以前に、片手間に株に手を出すこと自体に、僕は反対なんですけどね。

ちょっと難しかったカッパ

ここは気にせず次に行っちゃってOK!!

執筆時の日経平均株式プレミアムは1.26－1.27＝－0.01%（期待収益率－長期金利）ですが、これはあまりに特殊な異常事態なのでその数値は敢えて用いませんでした。日経平均の期待収益率の算出方法は【1÷日経平均の予想PER】ですから、日経のHPで予想PERを確認すればカンタンに割り出せます。

※ちなみに以上紹介した試算は簡易的なもので、長期予測にはかなり長い期間のEPS（ポテンシャルEPS）予測が必要になります。これにはフェルミ推定などを多用した統計的需要動向予測の他、グレアム理論などの理解が不可欠です。

売りのタイミング

つぎに、いつ売るのかという話です。

結論からいえば、ここは巷《ちまた》のいわゆる「株本」にゆずらせていただきます。それだけで1冊の本になりますし、本書の目的は株式を含め、さまざまな金融商品の利点や特徴を理解して、今後の長期的な運用力を高めることにありますからね。

ただ、売り時に関してひとつ、世界恐慌のときの面白い逸話があります。「**ブラック・サーズデー**（世界恐慌）直前、ジョセフ・ケネディがウォール街で靴磨きの少年が投資を薦めてきたことから不況に入る日は近いと感じた」というものです。このように、誰もが「株が買いだ!」と言い始めるような、マーケットを楽観論が支配し始めたときが一番危ない、つまり下がり始める前兆だということです。下がり始めるのだったら、裏を返せばそこが売り時だということになります。

実際にはここまで単純にはいきませんが、頭の片隅に残しておく価値はあると思います。

みんなが株をススメるときほど
危ないってコト!

ヘッジファンド手法「マーケット・タイミング」

さて、これだけ話してきて「株はナシ」という結論、えーっ！という非難の声も聞こえてきそうですが、あくまで「異常な金融危機のときにはナシ」という話です。市況が変われば株こそオイシイ投資先になることだってあります。

そして、株がナシなときにはやはり債券です。

このように、不況時には債券で運用し、好況時には株式に切りかえて機動的に運用する手法は、**マーケット・タイミング**手法と呼ばれ、ヘッジファンドの戦略の一つに数えられています。最もリスクが低いといわれる手法です。

僕が本書でオススメするのは、「**債券を買おう！**」というのもありますが、もう一つ。

☺「株で資産運用するなら、マーケット・タイミングで！」

ですね。株式市況がよくなるまで、何年でもしぶとく待ってやろうではありませんか。

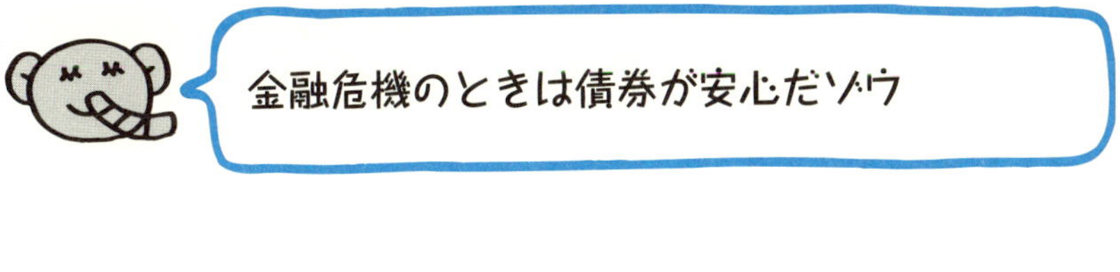
金融危機のときは債券が安心だゾウ

株はどこで買う？

さて、カブはどこで買えるでしょうか。

もう、八百屋だなんていうボケも必要ありませんね。もちろん、証券会社です。この証券会社は、おもに野村証券や大和証券、日興コーディアル証券といった伝統的証券会社と、SBIやカブドットコムといったネット証券があります。

証券会社によって資産の安全性がちがうということはあまりありませんので、口座を開く会社を選ぶときは、手数料のほか、提供される情報量の多さ、使い勝手、売買システムの安定性などで判断して、複数の証券会社を使いわけるのがいいと思います。とくにネット証券の場合は、売買のためのサーバーが停止するということは時々あるトラブルなので、そういったウワサも耳にいれておいた方がよいでしょう。

手数料はインターネットを利用した方が安いです。しかし、インターネットは使えないという場合でも、コールセンターを利用して電話で売買注文をだすこともできます（手数料はとても高いですが）。最近ではケータイでも売買できるようになってきていますね。

申し込みに必要なものは、免許証や住基ネットカードなどの本人確認書類と住所、氏名、認《みと》め印《いん》くらいで、かんたんです。あとに書く信用取引や先物取引など特別な取引をおこなう場合は、もう少し面倒になります。

サイトを使った取引も、会社の名前で検索して、出てきた画面で売買注文をすればいいくらいで、とくに知識がなくてもコード番号さえわかればとまどいません。是非、チャレンジしてみてください。

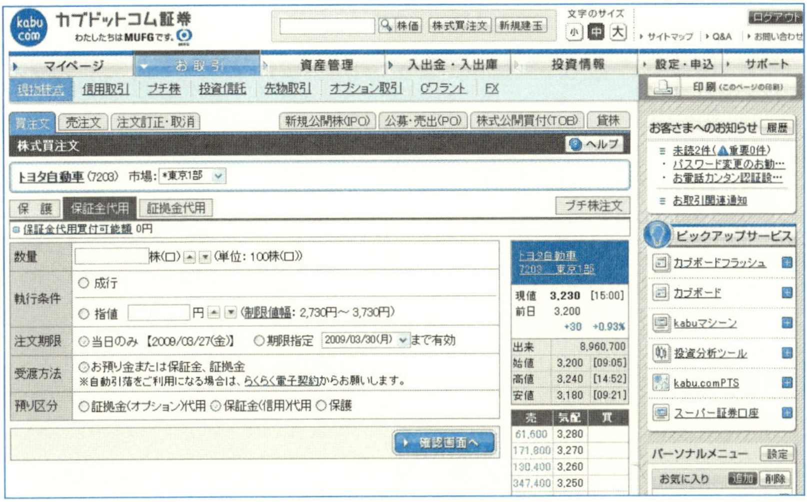

※ネット証券でメジャーな「カブドットコム証券」の売買注文画面より。（2009年3月27日時点）

信用取引

最後に「**信用取引**」について書いて、国内株式の話をおわりにしたいと思います。

信用取引は、ただでさえ高い株式のリスクをさらに高めてリターンを追い求める手法で、本書としてはオススメしません。しかし、次章で株式型投資信託の話をするまえに、これがわかっていると理解がしやすいと思うのでお話ししておきます。

空売り

信用取引のひとつめのポイントは**空《から》売《う》り**です。

さきほどまでの説明は、「株を買う」という話でした。ですから配当は別として、まず先に株が安いときに買って、その後、高いときに売らないと利益が手に入りません。つまり、株価が上昇しないと利益にならないということです。このままでは、現在のような株価が下落方向にある局面では利益を手にできないことになります。

しかし、このような局面でも株で利益をあげる方法があります。それが空売りです。

この取引では、株が高いときに先に売っておいて、あとで安くなったときに買い戻すことで、差額を利益として手にできます。でも、そもそも持っていない株を売るなんてヘンですよね。

どうするかと言うと、証券会社などをとおして他の投資家からまず株を借り、それを空売りして、あとで買い戻して返却するという方法です。

かんたんそうに聞こえるかもしれませんが、これはとても危険な手法をとります。なぜなら、株の最安値は1円ですが、最高値というものがないからです。

たとえば、ある株が1万円のときに、一株を買ったとしましょう。そうすると、どんなに下がっても1円にしかなりませんから、最大損失は9,999円です。

一方、その株がおなじく1万円のとき、一株を空売りしたとしましょう。そうすると、最大損失は無限大です[※1]。その会社がなにか画期的な新製品を開発して株価が暴騰したり、ネットバブルのように数百倍に株価がつりあがったりすることは、決して珍し

※1_日本の株式市場では、「ストップ安《やす》」「ストップ高《だか》」といって一日の値幅の上下制限があります。なので、一日で1万円が10万円にとか、そういう無茶苦茶なことにはなりません。

●空売りの概念図

※実際には証券会社が
取引の仲介をします。

いことではありません。それでも買い戻して返却しなくてはならないのです。

　このように危険な手法なのですが、この方法を使えば上昇局面でも下落局面でも、株価が変動さえすれば利益が手に入るのです。

先に売るのが空売りワンか！

レバレッジ

信用取引のふたつめのポイントは**レバレッジ**です。

今度は、その1万円の株が「1万2,000円まで上がる」と予想したとしましょう。しかし、1万円しか投資できないなかでは、2,000円しか利益を手にできないことになります。利益率20％です。

ですが、株価の上昇に確信をもっているのなら、2,000円しか手に入れられないのでは物足りないかもしれません。

そこで1万円以上買うにはどうするか？

ある意味ではかんたんなことです。借金をすればいいのです。たとえば、手持ちのお金が1万円でも、2万円借りてくれば3万円分の株式を購入でき、手にできる利益は6,000円と一気に3倍になるというわけです。もちろん、もし失敗して株が8,000円まで値を下げてしまったら、損失も3倍ですので今度は6,000円の損になります。つまり、利益も損失も20％の3倍の60％になるわけです。

このようにテコの原理でリスクを倍加させることを「**レバレッジをかける**」と言います。この場合なら、レバレッジ3倍ですね。株式の信用取引では、レバレッジの上限は2～3倍ほどであることが多いです。一方、先物やFX（P.189）などは数十倍から数百倍のレバレッジをかけることができるようになっています。まさにハイリスク・ハイリターンの世界ですね。

株やお金を借りてきて
たくさんの取引をするのがレバレッジ！

空売りやレバレッジは、株やお金を借りてくるわけですから、きちんと返してくれるだろうという「信用」がなければおこなえません。そこでこれらの取引には「**信用取引**」という名前がついているわけです。通常の株式取引よりリスクが高いため、株式の信用取引口座を開設するときには審査も厳しくなります。とはいえ、ネット証券などでは30万円以上の口座入金があり定期収入があれば、審査に通過するケースがほとんどのようです。

株のレバレッジは上限が3倍なので失敗してもさほど傷は深くなりませんが、数百倍のレバレッジがかけられるFXなどでは安易な気持ちでやって「ボーナスが吹き飛んだ」という話はよく聞きますので、信用取引や先物、FXなどは経験が浅いうちは手をださないほうが賢明だと思います。

株式のまとめ

- 株式とは「配当を受け取る権利の証書」
- 株式は債券に比べてとても危険
- 「一株あたり利益」のことをEPSという
- 株価をEPSで割ったものがPER（株価収益率）
- 株式には、景気敏感銘柄とディフェンシブ銘柄がある
- 株式は分散投資をした方がリスクが低い
- 株のまとめ買いにはETFをつかう
- 日経平均の標準的な株式プレミアムは5～6%が目安
- 09年3月末現在の日経平均株式のプレミアムは異常値
- 株式の売買戦略にはマーケット・タイミングがオススメ
- 信用取り引きで重要なのは「空売り」と「レバレッジ」

国内株式

投資オススメ度 

※いろいろと難しいのであまりオススメしません。ただ、インデックス連動のETF、ディフェンシブ銘柄のETFであれば比較的安全です。

PART.1

6 投資信託

プロが運用してくれるから「安心」のイメージがあるのに、やたらと失敗する人をよく見かける不思議な商品、それが**投資信託**です。

本書は、読者の「金融リテラシー」の向上を目標のひとつにしています。そのためにどうしてもくわしく説明しなくてはいけないのが、この投資信託です。

あえて、言い切ります。

大半の投資信託は、一般で言われているほどには安全ではないうえ、損をしやすい構造になっている金融商品です。

証券会社や銀行の窓口のセールス・トークにまどわされず、見きわめて購入するにはそれなりの知識が必要になってきます。

ちょっとキビシイ話からはじまってしまいましたが、「大半の」に含まれない、投資の価値のある投資信託商品もあります。そこでここではまず基本を説明したうえで、それらの商品について触れていくことにします。

なおこの項では、ほとんどの株式型投資信託が運用の背景として用いている「**現代ポートフォリオ理論**」にもふれます。この理論は、資産運用としていろいろな金融商品を買っていくなかで、かじっておくと“お得”な知識です。

投資信託ってそもそも何？

たとえば、お金がたくさんあって運用したいけれど、金融の知識がないのでどうしたらいいのかわからない。そういうときには、知識のある上手な人に運用してもらいたいというニーズが生まれることになります。

そこで、お金をたくさん集めて、運用して、あがった利益を還元するという投資スタイルが誕生しました。このようにたくさんの投資家から運用目的で集めたお金を「基金」、英語では「**ファンド**」と言います。

その中でも規模が大きいもの、具体的には日本では50人以上の公募[※1]ファンドのことを「**投資信託（ミューチュアル・ファンド）**」と言います。

そして、ファンドとして集められた資金は、運用会社の手によって運用されることになります。社名に「**アセット・マネジメント**」という言葉がはいっている会社です。その名のとおり「資産運用」の会社です。

プロに運用を任せるのが投資信託だカッパ!

※1_一般の投資家からひろく資金を募集すること。法人や49人以下の少数の個人など限られた投資家からだけ集めるのが「私《し》募《ぼ》」。

●投資信託の仕組み

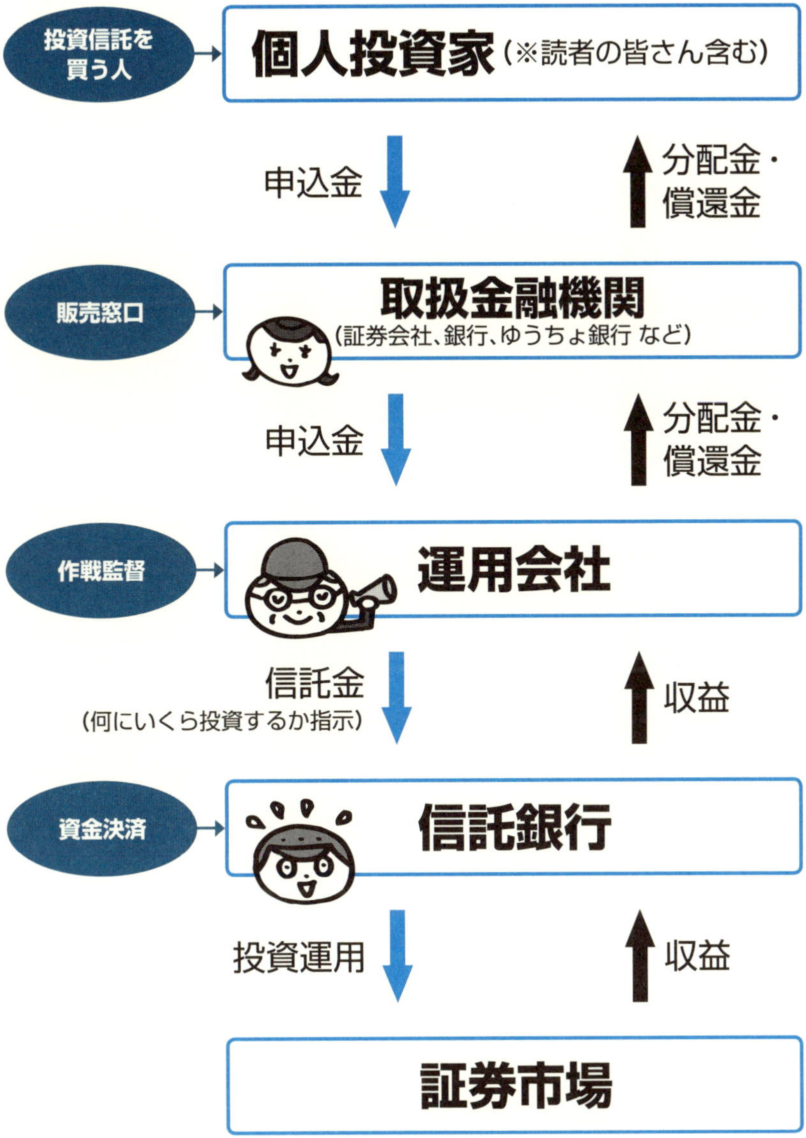
投資信託を買う人
個人投資家（※読者の皆さん含む）
申込金
分配金・償還金
販売窓口
取扱金融機関
（証券会社、銀行、ゆうちょ銀行 など）
申込金
分配金・償還金
作戦監督
運用会社
信託金
（何にいくら投資するか指示）
収益
資金決済
信託銀行
投資運用
収益
証券市場

投資信託の基本ルール

投資信託は、投資家保護のためにさまざまな規制のなかで運用されますが、その規制のなかに「あなたから預かったお金はこういう方針で運用します」という宣言書、業界用語でいうところの目論見書《もくろみしょ》の提出があります。これによって売買戦略は固定され、変更できません。

これは「勝手な運用をされてはたまらないだろうから、投資家を保護しよう」という、国の善意でおこなわれている規制ですが、売買戦略を機動的に変更できないというマイナス要因ともなっていることが多いです。つまり、株が下がりつづけているのに買いつづける、あるいは外債※2を買っていて円高になっているのにヘッジ（回避）ができない……などなど、運用する側もこれではたまったものではありません。

一方、少ない投資家から資金を集めて運用する「**ヘッジファンド**」は柔軟に戦略を変更でき、彼らの方がこの点においてはるかに有利だということができます。ヘッジファンドならば、株価が上昇基調にあるときは株を買っておいて、株価が下がりはじめたら空売り戦略に転換するということもできます。

※2_外国通貨建ての債券のこと。

投資信託の種類と戦略

そんな投資信託ですが、これにもいろいろな種類があります。例によってざっくりと分類してしまいましょう。

およその国内投資信託は「買い」戦略しかとりません。ですから、主になにを買うかで次の4つに分類ができます。

投資信託の分類法①

国内と国外のどちら、株式と債券のどちらに投資するのかというちがいです。この章では国内型にしぼって解説しますが、その前に、もうひとつの分類方法をご紹介しておきましょう。戦略の自由度によって2つにわける方法です。

投資信託の分類法②

パッシブ型とは「パッシブ＝受動」型という意味です。ではどう受動的なのでしょうか。

さきほどの株価指数連動型のETF（パッシブ型）ではその「パック」を構成する株式の銘柄が固定されていましたよね。銘柄だけでなくその保有比率ももちろん固定だったわけですが、パッシブ型の投資信託もまったく同じです。銘柄も保有比率もはじめから固定され、運用会社はパッシブ（受動的）に買うという作業だけをすることになります。

結果として、パッシブ型投資信託は株式や債券のパックになります。運用会社も、TOPIXならばTOPIXと同じ構成になるように機械的に買うだけなので、ものによりますが信託報酬などの運用手数料も年0.2%～0.5%程度と安いです。

一方、**アクティブ型**は、何をどれだけ買うかを運用会社が状況に応じて自由に決められるスタイルです。ですから、アクティブ型にこそ、運用会社の「プロフェッショナル力」が発揮されるはずです。その分、手数料も年1.5～2.0%程度と割高になります。

パッシブ型もそうですが、特にアクティブ型の場合、「その運用会社の運用方法はどれくらい上手なのか」をぜひ知りたいところですよね。プロだから大丈夫だろう、と思いたいところですが、プロといっても所詮は人。たまたまポートフォリオの構成を担当

した人の当たり外れもあるし、どんなに優秀な人でも失敗はします。楽観的に考えてしまうと、思わず痛い目にあうこともあります。こういった不安を取り除く一助となるのが「現代ポートフォリオ理論」です。つぎに詳しく見ていきます。

現代ポートフォリオ理論とは

現代ポートフォリオ理論とは、自身のポートフォリオをどのように組み合わせればいちばんリスクとリターンのバランスがいいのかという理論です。以下、かんたんに説明していきます。

ポートフォリオ[※3]とは、英語で「折りカバン」の意味だそうです。かつては証券マンが折りカバンに証券をたくさん入れて金融街のそこかしこを歩いていたので、転じて「たくさんの証券の組み合わせ」のことをポートフォリオとよぶようになりました。

戦後の数理ファイナンスの飛躍的な発展で「どのような証券の組み合わせが最も合理的か」という問いに統計学的に答えようという動きがひろまりました。経済学でいうところの「**最適化問題**」です。黎明期に活躍したのが、さきほど出てきた分散投資モデルのハリー・マーコヴィッツです。彼はウィリアム・シャープ、マートン・ミラーとともに、1990年にノーベル経済学賞を受賞しています。

マーコヴィッツとシャープが言ったことを要約するとこんな感

※3_資産運用するとき、どのような商品で運用するかの内訳。

じです。
「市場が効率的で、だれも正確な予測はできず、投資家が全て合理的であると仮定するならば、全員がおなじポートフォリオを組んでいるはずだから、それは世界の証券全てをあわせたポートフォリオと一致する……つまり、インデックス（TOPIXなど）が最も合理的だと考えられる」

実際のところ、仮定の部分にやや無理はあります。合理的でない投資家なんてごろごろいますしね。とはいえ、2人がしめしたモデルはひろく受けいれられました。

そして、こういった理論をもとに実を結び、ひろく評価されたのが「現代ポートフォリオ理論」です。

この理論では、リスクをたった2つの変数でとらえました。
「**α**《アルフア》」と「**β**《ベータ》」です。

αとβ

αとβの説明の前にちょっとおさらいしましょう。

リスク、リターン、収益率と、いろいろ出てきていますが基本的に、

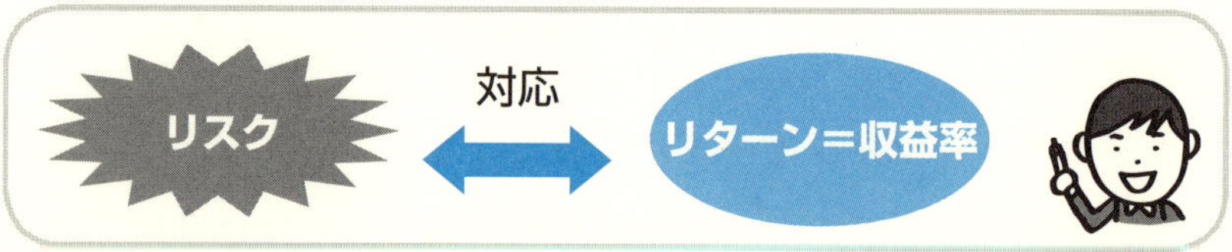

です。収益率（リターン）が大きいということはリスクも大き

い、そういうことでしたね。それを再認識したうえで、本題に入ります。現代ポートフォリオ理論のαとβについてです。

株式のリスク ＝ **市場リスク（β）** ＋ **個別リスク（α）**

たとえば、日経平均が下がれば、つられて個々の株式も売られて下がることが多いです。逆に上がれば、つられて上がります。こういったリスクを「**市場リスク**」（β）と言います。

βは厳密には「**市場感応《かんのう》度**」と呼ばれる変数なのですが、ここではざっくりと市場リスクの大きさだと思っていてください。たとえば、TOPIXが10%上がるとき、つられて10%上がる銘柄の市場リスク（β）は1です。つられて20%上がるような銘柄ならば$\beta = 2$、つられて5%なら$\beta = 0.5$。つまり市場の何倍「感応」しているか、をあらわしています。

ワンポイントレッスン

β（市場リスク）とはこういうもの！

●日経平均が10,000円から9,000円に下落（10% down）

そのとき企業の株価もあわせて動きました。

A社　1,500円→1,350円（10% down）……βは1

B社　2,000円→1,600円（20% down）……βは2　←景気敏感銘柄

C社　1,000円→950円（5% down）……βは0.5　←ディフェンシブ銘柄

景気敏感銘柄ならばこのβが高いのでより危険、ディフェンシブ銘柄ならばこのβが低いのでより安全というわけです。

しかし、おなじβの株でも、たとえばある会社が画期的な新製品を開発すれば株ははね上がるかもしれません。逆に不正会計が

発覚すれば株は暴落するかもしれません。このような個別のリスクはαとして表現されることになりました。

ベンチマークってなんだ?

さて、αとβをより深く理解するために、まずは**ベンチマーク**という概念を覚えてください。

ベンチマークとは「基準」のようなものです。

たとえば学校で成績が「良い」とか「悪い」とかいう場合、そこにはなにか基準がありますよね。全員の平均点から見た「良い」「悪い」もあれば、赤点ボーダーラインから見た「良い」「悪い」もあります。もしかしたら、先生は95点以上は「良い」、以下は「悪い」とするかもしれません。

このたとえでいうところの「平均点」「赤点ボーダー」「95点」がベンチマークです。ベンチマークは「基準」ですが、いつも固定されているわけでなく、状況によっていろいろと違った設定がなされます。

ベンチマークとは「基準」のことパオ!

株式や投資信託にもベンチマークがあります。学校の成績と一緒で、基準にくらべて「良い」か「悪い」かを判断するためです。たとえばTOPIXがベンチマークにされることもあれば、S&P 500というインデックスがベンチマークとされたりもします。

そして投資の世界では、ベンチマークを上回る成績で運用できた状態のことを「**アウトパフォーム**」と言います。下回るときは「**アンダーパフォーム**」です。ちなみに、運用成績のことは「**パフォーマンス**」です。

ここで、αとβの話に戻ります。

下の波線グラフを見てください。仮に黒線をベンチマークの運用実績とします。そして青線を架空の「投資信託A」の運用実績だとします。ここでαが出てきます。

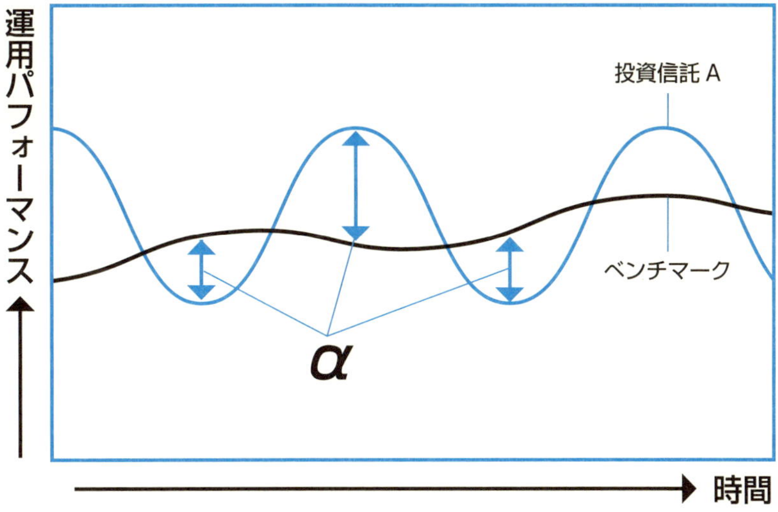

図の中にも示しましたが、投資信託の線のベンチマークの線との「差」、これがαです。投資信託が市場の動きと関係なく独自にがんばった部分ですね。

投資信託においては、βは1前後でベンチマークとほぼ同じ動きをします。なぜなら、景気敏感銘柄もディフェンシブ銘柄もバランスよくパックにしたものがほとんどだからです。なので、この「差」の部分にはβはあまりあらわれてこないんですね。「差」がベンチマークより上に飛び出ていれば、それだけその投資信託はアウトパフォームした、ということになります。

実は投資があまりうまくない
アクティブ・ファンド

さて、投資信託の運用実績の見方はおよそおわかりいただけたと思いますが、ここで衝撃的なお話があります。投資信託を運用しているのはプロですが、そのプロである運用会社は、実はそこまで投資がうまくないのです。

こういった話は、きちんとデータを見ながらすすめていきましょう。

右ページ図は、年金積立金管理運用独立行政法人（GPIF）の運用実績をしめしたものです。

GPIFは、僕たちの年金を運用している独立行政法人です。彼ら自身は管理するだけで運用能力はありませんから、アクティブ型で運用する場合は「**運用受託機関**」といって外部の運用会社にまかせています。日系・外資のそうそうたる運用会社が名をつらねていますね。運用会社のドリームチームという感じです。

年金のお金もプロに運用任せているんデスね

●GPIFの運用実績

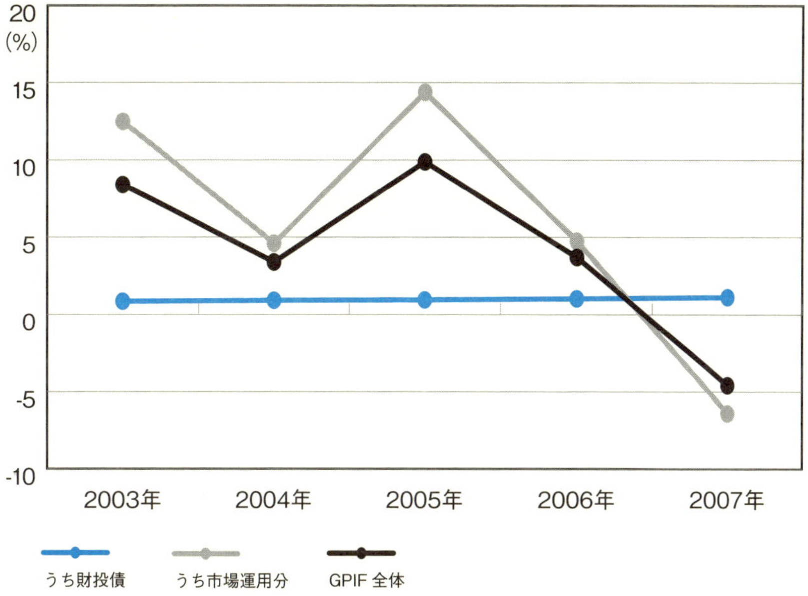

もちろん、年金運用ですから、彼らも誇りをもって運用しています。全力投球というわけです。ならば、ドリームチームの全力投球の結果やいかに……？　という話になります。

まず、全体の運用状況を見てみましょう。

下の図は、2001年度から2007年度までの運用方法別の超過収益率（α）を年度ごとにグラフにしたものです。

●GPIFの超過収益率（α）推移

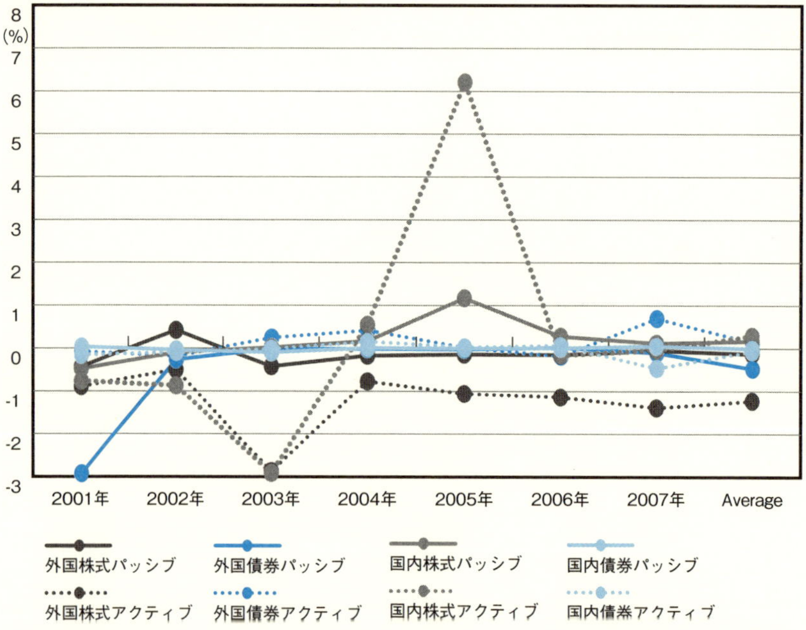

※P.112,113の表はともに年金積立金管理運用独立行政法人「平成19年度業務概況書」より著者作成

ベンチマーク（βの基準）はそれぞれ、国内株式はTOPIX、国内債券はNOMURA-BPI総合（除くABS）、外国株式はMSCI・Kokusai、外国債券はシティグループ世界国債インデックス（除く日本）となっています。これらのパフォーマンスが、さきほどから市場パフォーマンスとよんでいるものですね。

見るとわかりますが、2005年度の成績の良さが目立つのみで、ほかはαが1％以下の年が大半で、パッシブ運用のほうが成果が上がっている年もかなりあります。外国株式のアクティブ運用など、ずっとベンチマーク以下です。

次に、運用会社別で見てみましょう。

下の図は直近3年間の国内・外国の株式アクティブ運用の運用受託機関ごとの超過収益率（α）です。

●運用受託機関別超過収益率

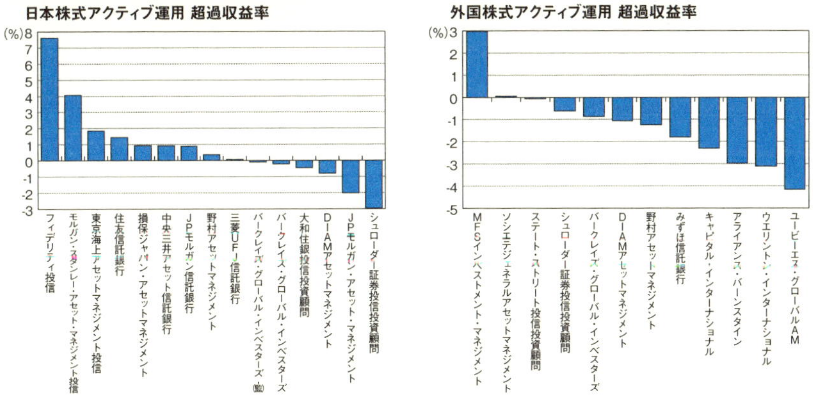

国内株式では、日系・外資系は関係なく半分程度はマイナスです。フェデリティとモルガン・スタンレーの超過収益率（α）はすごいですが、これは前年度の概況書をみるかぎり、はやめに資金をひきあげたからであって、あまり銘柄選定の力ということはできません。2007年度がたまたま彼らの「当たり年」だったわけですね。

外国株式はさらに惨澹たるもので、大半の運用会社の超過収益率（α）がマイナスです。プラスなのは2.92％の超過収益のMFSインベストメント・マネジメントのみです。外国株式でも日系・外資系のどちらが上手だというわけでもなさそうです。

年金運用は「買い」しかできない巨額の運用を強いられる不自由な環境の中でおこなうので、この数字だけを見て「運用下手」と即断をすることはできません。しかし、少なくとも投資信託を買ってプロに任せておけば安心というわけでもなさそうです。

さて、プロすら安心はできないというガッカリなお知らせに加え、さらに残念なことに、機関投資家であるGPIFと個人投資家には一つ大きな違いがあります。

それは、**信託報酬手数料**です。

高すぎる信託報酬にご注意

最近、個人向け投資信託がそこかしこで売られるようになりました。もちろん、これは投資信託を販売する側が「儲かる」からです。つまり、銀行と同じで高い手数料を取っているということです。アクティブ型の年間手数料でおよそ1.5～2.0％ほど。つまり、実際の超過収益率（α）より、我々が得られる利益はその分低くなるということです。

投資信託では手数料をたっぷり取られるゾウ！

さらに言えば、αは運用会社のポートフォリオ・マネージャーの腕にかかってくるわけですが、マネージャーも人ですから過去の数字が必ずしも今後も続くとは限りません。さらに、金融業界での転職は多いですから、マネージャーが知らないうちにかわってしまうかもしれません。そこまで考えると、やはりファンドさがしは難しいと思うわけです。

このような理由で、特にアクティブ型投資信託はあまりオススメできません。もちろん、優秀なアクティブ型投資信託も多いですが、個人投資家がそれを“当てにいく”のは難しいです。

債券型投資信託とMMF・MRF

アクティブ型投資信託には手を出さないほうが賢明というお話をしてきましたが、比較的安全な投資信託もあります。

たとえば、**国内債券型の投資信託**。国内債券は最低売買単位が100万円ほどからです（東京電力など10万円からのものもあります）が、もっと小口から買いたい場合、この国内債券型投資信託を買うという手があります。これなら1万円前後の一口からスタートできます。

しかし、債券型も株式型とおなじ理由で、わざわざアクティブ型を選ぶ必要はないと思います。たいていは「インデックス」という名前がついているパッシブ型を買えばいいのです。

ただ、購入手数料が1％とファンドの1年のリターン程度となっているものもありますので、気をつけて選んでください。

それ以前に、お金があるならもともとの債券を直接買った方が得です。

手数料をとるか、分散投資効果をとるかというところですね。

それから、よく耳にする**MMF**というのは、「**マネー・マネージメント・ファンド**」の略称で、短期の高格付け公社債をもちいた債券型投資信託のことです。

また「**マネー・リザーブ・ファンド**」の略称であるMRFも似たようなものです。

どちらも売買手数料はありませんが、安全性・流動性[※4]ともにMRFがすぐれています。だからリスクが低いということで、MRFの方の金利（リターン）が低いわけです。

●投資信託のオススメ度一覧

		オススメ度	手数料	リスク
国内株式型	アクティブ	×	高	中
	パッシブ	○	低	中
国内債券型	アクティブ	△	高	低
	アクティブ（ハイイールド）	×	高	高
	パッシブ	◎	低	低
MMF・MRF		―	中	低

※4_金融の世界では「買いやすさ」「売りやすさ」。

投資信託を買ってみよう

さて、アクティブ型はアンダーパフォームすることが多いうえ、手数料をとられるだけ損なので、買うならばパッシブ型の投資信託にしようというのが本章の結論でした。では、いよいよ実際に投資信託を買ってみましょう。なにごとも、やるならまずは情報収集からです。

投資信託の情報は、あらゆる商品の価格を比較できるサイト「**価格.com**」にのるまでになり、インターネット上でとてもかんたんに手に入れることができます。

中でもよく知られているサイトが「**モーニングスター**（http://www.morningstar.co.jp）」です。投資信託は、国内株式・国際株式・特殊運用・国内債券・国際債券・国内ハイブリッド・国際ハイブリッドのカテゴリにわかれており、それぞれをクリックしていけば投資信託商品名の一覧表が出てきます。

「モーニングスター」で検索!

以下、モーニングスターのサイトに出てくる用語の基本的なものを紹介します。

投資信託の一口の時価にあたるのが「**❶基準価額**」です。株式の株価に当たるものですね。

「**❷基本情報**」には手数料がのっていますので、ここは必ず確認しておきましょう。

●モーニングスターのホームページ

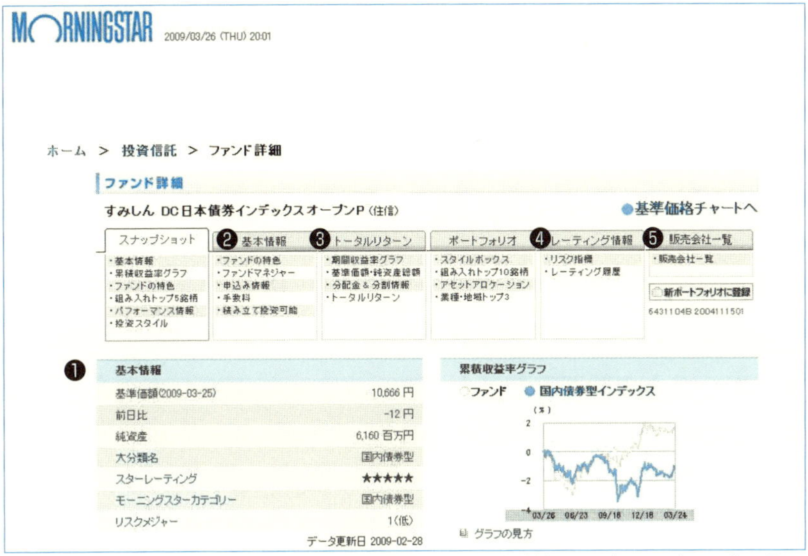

※金融情報サイト、モーニングスターの投資信託（ファンド）情報ページより。（2009年3月26日時点）

「❸**トータルリターン**」は過去の実績パフォーマンスですね。

「❹**レーティング情報**」を見ると、モーニングスターのファンド格付けやβや**シャープレシオ**※5といったリスク指標を確認することもできます。

ここで「これぞ」という商品を見つけたら、「❺**販売会社一覧**」をクリックすれば窓口販売を受けつけてくれる会社がリストになって出てきます。ETF以外ならば、全て窓口販売となります。

とはいえ、最近ではネット証券でも投資信託を取り扱うところ

※5_リスクとパフォーマンスのバランスを表すリスク指標のこと。統計学の知識が必要なため本書では詳しくは割愛します。

が増えてきたので、ものによっては、全てオンライン上で済ますこともできます。しかし、それでも全般的に株の購入よりも手続きが面倒で、債券と同じくらいの手間です。

ヘッジファンドの戦略

今までは全て「買い」戦略のファンドの話をしました。しかし、**ヘッジファンド**として知られる私募ファンドは、買いだけでなく、実にたくさんの戦略を駆使してマーケットに挑戦してきます。投資信託の中でも、数は少ないですがこのようなヘッジファンドの戦略をとるものもありますし、いくつかの投資信託を組み合わせることで、同じ効果が得られる場合もあります。せっかく α と β の話を知ったのですから、最後にこれをしっかり活用する方法を紹介しましょう。さすがに実際に手を出すとなると「かんたん」とはいきませんが。

さて、話を始める前に新しい用語を2つ覚えてもらわなくてはなりません。「買い」は英語で「Buy」ですが、買い持ちしている状況、すなわち「買いポジション」のことを「**ロング・ポジション**」と言います。一方、「(空) 売りポジション」は「**ショート・ポジション**」です。

買いの「ロング」、
売りの「ショート」カッパね。

買いは長期（ロング）で保有するが、空売りは危険なので長い時間継続できずに短期（ショート）で買いもどさなければいけないからこの名がついているのでしょう。

さて、このロングとショートの組み合わせと、さきほどのαとβの知識、それからレバレッジ（P.96）を組み合わせると、取りたいリスクを自由にヘッジ（回避）したり倍加することができます。

ここでは、「**ロング・ショート**」戦略を紹介します。

その名のとおり、ロング・ポジションとショート・ポジションを組み合わせてとりたいβを調整し、なおかつαを積み上げていきます。上昇しそうな銘柄はロングし、下落しそうな銘柄をショートすることで総合でのαを上げるという戦略です。

もちろん、どれが上昇しどれが下落するかの予想をもとにするわけですから、運用者の“目利き”がとても重要になってくるのは言うまでもありません。

このような戦略はふつうはヘッジファンドのものですが、投資信託でもロング・ショート型は少ないですがあります。

また、ほとんどの投資信託は買い専門型（ブル型）ですが、売り専門型（ベア型）の投資信託もあります。これも、あまり数は多くありませんが、たとえばGoogleで検索すると上位でヒットする「グローバル・アンブレラUBS 世界株ショート」の執筆時（2009年2月末）における年間収益率は＋79.04％です。もちろん、これは今後の高いパフォーマンスを保証するものではありませんが、こういったショート型の投資信託をポートフォリオの一部に

組みこんでおいて、ロング・ショート型のポートフォリオを自分でつくるというのも一つの戦略です。

ヘッジファンドというとハイリスク・ハイリターンなイメージがありますが、実際にはリスクをヘッジしていく手堅いファンドが多いのです（だからヘッジファンドなんていう名前なんですね）。

ちなみに、マーケットの上下に関係のない利益を**絶対リターン**（絶対パフォーマンス）と言い、マーケットと比べていくら儲けたかというのは**相対リターン**（相対パフォーマンス）と言います。絶対リターンは主に市場リスクをヘッジできるヘッジファンドで重視され、相対リターンは市場リスクをヘッジできない投資信託で重視されます。

マーケットが上げようが下げようが利益を出し続ける、お金さえあればそういった形で運用をしていきたいですね。

投資信託のまとめ

- 運用目的で集められたお金はファンドと言う
- 投資信託とは、公募ファンドのこと
- 投資信託の売買戦略はあらかじめ決められている
- 投資信託は、運用方法で分けると国内株式型・国内債券型・外国株式型・外国債券型の4つがある
- 投資信託は、運用方法で分けるとアクティブ型・パッシブ型がある
- ポートフォリオとは「資産の組み合わせ」のこと
- ポートフォリオのリスク（リターン）はαとβに分解することができる
- 投資信託の中でも、アクティブ型はパッシブ型より運用手数料が高い
- アクティブ型投資信託は、手数料のわりに運用成績が良くない
- MMF・MRFは、債券型投資信託の一種
- 買いポジションを「ロング」と言い、売りポジションを「ショート」と言う
- ロング・ショート戦略では市場リスクを下げられる

国内投資信託

投資オススメ度 

※手数料が高くうまみ少なし。アクティブ型は特に手数料が高く、損になりやすい。分散投資にはパッシブ型がオススメ。

PART.1

7 為替

ここまでは国内の金融商品について説明してきましたが、ここからは外国の金融商品について説明していきます。

そのときに欠かせないのが「為替《かわせ》」の知識です。外国の金融商品は日本円建て[※1]ではなく、外国の通貨で運用されることがほとんどです。ですから、そこにどんなリスクがひそんでいるのかをまず始めにお話ししていきます。

この項で紹介するのは、FX[※2](P.189)などの為替取引の実践で使える知識というよりも、むしろ教養に近いものが多くなっています。しかし、実際に為替投機をする場合でも、こういった“お勉強”的な知識が役に立つこともあるでしょう。

基礎がわかって初めて、次章であつかう「外貨預金」なんかも、その構造やリスクが見えてくるようになります。

それでは為替基礎講座、はじめましょう。

※1_商品の価格が日本円表示であるということ。仮に一株10ドルなど、米ドル表示であれば、米ドル建て。

※2_レバレッジのかかった外国通貨売買のこと。

そもそも、為替ってなに？

為替というのは、現金を直接やりとりする代わりに小切手などでやりとりする方法のことです。現金だと大量に運ぶのに不便ですし、危険ですからこのシステムは非常に便利です。自国通貨の海外のお金との交換比率のことと思っている方も多いようですが、本来的にはそうではありません。

為替取引は現金取引よりラクチン!

通貨が違う国家間での為替は特に「**外国為替**」と呼びます。ニュースなんかで「つづいて為替です」と言っているのは、この「外国」を省略しているだけなんですね。

また為替は、この取引で使われる「為替手形」のことを指す場合もあります。方法だったり手形だったりと、ちょっとつかみにくい言葉ですが、ボンヤリとそのへんをあらわすと把握できていれば、まったく問題ありません。

さて、この章では外国為替についてお話しします。外国と小切手などをやりとりする話ですが、ここで重要なのは、この小切手、いったいいくらで交換すればいいの？ということです。

「**為替レート**」とか「**円高ドル安**」とかいう言葉、よく聞きますよね。これらは、要は異なった通貨同士を交換するときの比率のことです。

たとえば、ドル円レートが1ドル100円だとしますね。これは、

1ドル札を手に入れるには100円を出してドルを買わなければいけないということです。為替レートは日々変動しますから、これが1ドル90円になると1ドル100円のときより安くなるから、ドル安というわけですね。

1ドル100円が110円になったら円安！

この為替レートのことを、日本語では「**ドル円レート**」だなんて言いますが、それぞれの通貨にはアルファベット3文字が割り当てられていて、国際的にはそれをつかいます。たとえば、米ドルは「USD」、日本円は「JPY」ですから、ドル円レートは「**USD/JPY**」もしくは「**USDJPY**」といった具合です。

●通貨の表示方法

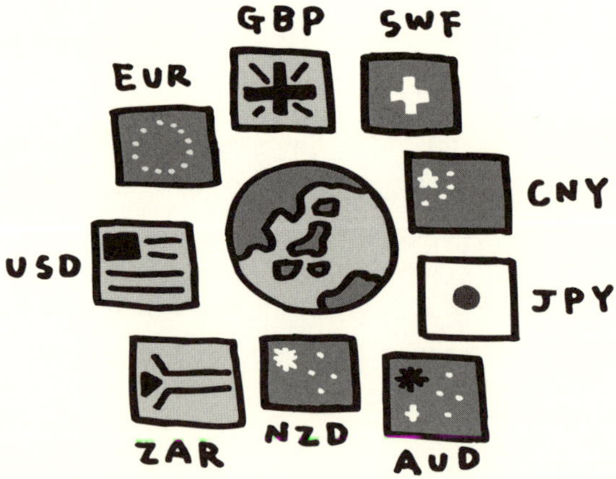

※ちなみにこの3桁のコードは「ISO 4217」で定められています。ほかにも「HKD」「EGP」「BRL」「JMD」「KHR」など通貨の数だけあります。ちなみにこの5つ、どこの通貨だかわかりますか？（答えは129ページです）

頭の体操　これは円高？　円安？

さっきのドル安の説明、さらっといってしまいましたが、ここで混乱する人が多いので、頭の整理とちょっとした練習をしてみましょう。

1ドル100円が1ドル90円になるとドル安だと言いました。厳密にはドル安は絶対的な安さではないので「ドル安がすすんだ」わけです。

ドルを安く買えるからドル安とお伝えしましたが、言い換えると「ドルの価値が安くなった」ということなんですね。90円分の価値しかなくなったわけです。「価値が安くなる」は、日本語としてはヘンですが、こう覚えるとわかりやすいと思います。「高」「安」は、その通貨の価値がどうなったかをあらわすのです。なので1ドル100円が90円になると、一見、「円が安く」なったように見えますが、実際は正反対なんですね。1ドル100円が90円になったら、これは「**円高**」なのです。

いまの説明であれ？と思った方もいると思います。ドル安の話がいつのまにか円高の話に変わってましたよね。多くの場合、ドル安は円高とセットで「**円高ドル安**」と言われます。片方の価値が下がればもう片方は相対的に価値が上がるからセットになるわけです。

円安ドル安なんてありえないワケですね！

反対の「**円安ドル高**」は今の理屈で考えれば何のことはありません。円が安くなって、ドルが高くなるわけですから、1ドル100円だったものが、たとえば1ドル110円になった場合を指して言うことになります。円が安くなったから、この前まで100円で買えた1ドルに、110円出さなくてはならなくなりました。

さて、突然ですが、ここで問題です。以下の問いに答えてください。

為替・ミニテスト

問1 昨日「1ユーロ180円」だったのが、「1ユーロ160円」になりました。これはなにが進んだということ？

問2 あなたは来月、毎年恒例のイギリス旅行に行きますが、今「去年よりポンド高」だと言われています。この旅行、去年に比べてあなたには得ですか？　損ですか？

問3 いまの為替レートでは韓国旅行がお得らしいです。これは以前と比べて、対韓国ウォンで円高だから？　円安だから？

正解

問1 「円高ユーロ安」

問2 損。たとえば1ポンド200円が210円になればポンド高ですが、1ポンドのハンバーガーが、去年は200円で買えたのに今年は210円になってしまいます。

問3 円高だから。円の価値が高いから、少ない円で韓国を満喫できます。

いかがでしたか。だいぶ理解がすすんできたんじゃないでしょうか。引き続き、もうすこし踏み込んでいきましょう。

HOW MUCH?
PRICE
¥1,000,000

●1ドル100円の場合　1,000,000÷100円＝10,000ドル

●1ドル110円の場合　1,000,000÷110円＝9,090ドル

円安ドル高

ニホンシャ
ヤスイネ

為替と輸出入

この為替レート、僕たちの旅行だけに影響するなら旅行好きがニュースを見て一喜一憂するだけですが、いうまでもなく影響はもっと甚大です。その中でも特筆すべきものに、貿易があります。本書の眼目である「個人資産運用」と直接関係はありませんが、金融リテラシーを高めるために軽くふれておきます。

日本は、輸出で利益をあげている企業が多い輸出立国なので、この為替は国の経済成長（GDP成長率）や各企業の業績に大きく

【前ページの答え】「HKD＝香港ドル」「EGP＝エジプトポンド」「BRL＝ブラジルレアル」「JMD＝ジャマイカドル」「KHR＝カンボジアリエル」。何問正解だったでしょうか。

かかわってきます。

さきほどのお話ならば、海外旅行には**円高**の方がお得でした。これは言い換えると、外国のモノを買う場合に得、つまり輸入に有利ということです。企業でいえば、電気、ガス（燃料を輸入）や食料などのディフェンシブ銘柄に相当するものが多い内需《ないじゅ》※3企業にとって円高は有利になります。

一方、**円安**になると外国通貨の価値が高くなります。よその国が日本の製品を安く買えるようになり、結果として日本の輸出企業に有利になるというわけです。輸出が多いグローバル企業、自動車産業や機械産業などの景気敏感銘柄にあたる外需《がいじゅ》企業には円安が有利なのですね。

円安は日本の輸出企業におトクだカッパ!

上場企業全体でいえば、輸入メインの企業よりも輸出メインの企業の方が影響力が大きいので、円安になると日本の景気はよくなります。それをみこんで、円安になると日経平均やTOPIXなど全体の株価も上がることが多いです。

逆に執筆時現在のように円高が行き過ぎると、日本全体としては経済成長がにぶります。ですから、急激に円高ドル安が進んだときは、しばしば財務省は円売りドル買いの**為替介入**※4をして

※3_国内の需要。対して国外の需要は外需。

※4_急激な為替相場の変動による混乱を避けるため、国が円売りドル買い、ドル売り円買いをおこなって均衡をはかること。

「**円安誘導**」をおこないます。

というわけで、個々人でみると円高の方が輸入品が安くなってお得なのですが、日本全体では円安の方が景気が良くなる（少なくとも株価は上がることが多い）という、為替はちょっと不思議な構造なのですね。

為替レートはどうやって決まる？

さて、だいぶ為替のことをおわかりいただけたと思いますが、為替レートが変動する要因についてはいまだに経済学でも完全には説明しきれていません。ひとことで言うと、「為替相場がどう動くかはよくわからない（予測できない）」ということです。

ただ、その国の経済的な信頼が落ちれば通貨価値も落ちるし、信用が上がれば通貨価値も上がる、ということは言えます。

たとえば、日本の景気がよくなれば円の価値は上がるでしょうし、大手銀行がつぶれたりすれば円の価値は下がる可能性が高いです（2009年2月のG7で中川財務相〈当時〉が行った「酩酊会見」が世界中で報道されたときには、それをきっかけに日本円に対する不安が一気に広まって円安になったと一部では言われています。為替介入より効果的でした）。

要は、持ってて安全な通貨だから値段が高くつく、ということ

です。人気商品は値段が張る、というのは通貨でも言えることなんですね。

　はじめに申し上げたとおり、単純には予想できない為替相場ですが、少なくとも日経新聞で世界のニュースを毎日ざっと見るくらいのことはしておかないと、どこの国が危なくてどこの国の調子がいいのかなど、まったくわからなくなってしまいます。サブプライム問題にしても、世間で大騒ぎになる前からきちんと経済系のニュースでは話題に出ていました。敏感な人なら円売りドル買いのポジションは取っていなかったと思います。

為替にひそむリスク

　では僕たちが投資や資産運用をする際、為替はどう影響してくるんでしょうか。

　たとえば1ドル100円のときに、10,000ドルの米ドル預金をしたとします。日本円での元手は100万円ですね。

　仮に1年での利率が1%だとしたら、1年後には101万円になるはずですが、ここで為替レートが1ドル90円の円高になっていたとすると、

90円 × 10,000ドル ＝ 90万円

　これに利子がついて90万9,000円だとしても、元手よりも目減りしていますね。これが**為替リスク**です。

　どんなに利回りのいい金融商品でも、それが外貨建てである限

りこのリスクは避けようがありません。

利率が良くても損するってコト？

ただ、逆ももちろんありえます。外貨建ての金融商品を持っていて、円安がすすんだならば、これは予期せぬ利益になります。上の例でいえば、1ドルが110円になれば、元手の100万円は110万円（＋利子）になり、なにもせずに約10万円（＋利子）も得することができるんですね。

円高になって、1ドル95円を下回ったあたりから、みなさんの周りでも「ドルを買っておけ」と言ってる人がいたんじゃないでしょうか。これは今までのドル円レートからすると、かなり円高だから「そのうち円安になるだろう」という希望的観測にもとづいた判断が多いと思います。この10年の円価格の推移を見てみると、2008年9月以前はずっと100円〜134円（02年2月末）程度の間で動いていますから、あながち根拠のない判断とも言えませんけどね。

ちなみにこの為替変動による利益は「**為替差益《さえき》**」、損失は「**為替差損《さそん》**」と呼ばれ、頻出するので覚えておいてください。

結局、先にも触れましたが、言えることは一つだけ。

⚠ 為替はとても予測しづらい

ということです。

予測がしにくいなら、賢明な投資家ならばあまり近よらない方が得策です。

ですから、「日本円暴落リスク回避」という意味で一定割合は外国通貨建て資産や金をポートフォリオに組み込んではおくべきでしょうが、最終的に日本円に換えることを考えると、投資としてはあまり積極的にススメることはできません

FXがもっぱら投機（バクチ）の対象になっているように、「投資」（手堅い運用）としてはどうなんだろうというのが正直なところです。

それでは、そういったことを念頭においた上で、外国の金融商品について話をしていきましょう。

為替のまとめ

- 外国為替レートは、通貨の交換レート
- 為替リスクはよくわからない
- 日本円暴落リスク回避のために、外国商品は一定割合はもっておくべきかもしれない

為替

※1ドル100円が90円になれば円高。ドルの国への旅行がお得。逆に110円になれば円安。ドルを持ってた人は円に換えれば得します。

PART.1

8 外貨預金と外国債券

まずは次の表をご覧ください。

日本円のときと同じように、米国を中心に金融商品のリターンを別表にまとめました。

外貨預金

普通預金

米ドル	0.010%
英ポンド	0.250%
欧ユーロ	0.250%
豪ドル	0.750%

定期預金

米ドル	0.350%（1年物、3万米ドル相当未満）
英ポンド	0.500%（1年物、3万米ドル相当未満）
欧ユーロ	0.500%（1年物、3万米ドル相当未満）
豪ドル	1.730%（1年物、3万米ドル相当未満）

※三菱東京UFJ銀行提供情報より作成〈2009年3月26日時点〉

外国債券

米国債

2年物	0.87%
5年物	1.64%
10年物	2.63%

英国債

2年物	1.32%
5年物	2.21%
10年物	2.97%

独国債

2年物	1.34%
5年物	2.24%
10年物	3.03%

豪国債

2年物	2.61%
5年物	3.67%
10年物	4.18%

ブラジル国債

2年物	10.17%
5年物	12.07%

米社債

AA2年物	3.37%
A2年物	6.40%
AAA5年物	5.01%
AA5年物	4.06%
A5年物	5.15%
AAA10年物	5.58%
AA10年物	4.58%
A10年物	5.66%

外国株式

米ダウ工業株30種平均	8.83%
米NASDAQ総合	5.52%
英FTSE 100	9.91%
独DAX	9.35%
仏CAC 40	11.22%
シンガポールST指数	9.53%
香港ハンセン指数	9.08%
中国ハンセン中国企業株指数	9.64%
中国上海総合指数	6.14%
韓国KOSPI	8.23%

※各証券会社等公示情報から作成（全て2009年3月20日時点）

ご覧の通り、外貨預金の方が外国国債よりレートが悪いですね。理屈は、通貨が変わってもいままでと同じことです。銀行が実質的に高い手数料をとっているのです。ですから、「預金をするくらいなら、国債を買え」という主張はかわりません。

しかし、一口に国債といっても、海外の場合は“経済大国”日本の国債とはちがうところがあります。おごりや冗談ではなく、本当に日本経済は奇跡の産物なのです。

まずはその話からしていきましょう。

無リスク金利とソブリン債

国債というのは、国にお金を貸してあげたときの借用書でした。しかし、国がつぶれる可能性は低いから国債はほとんど無リスク同然というお話もしましたね。そこから、国債の金利は「**無リスク金利（リスクフリーレート）**」と呼ばれるようになりました（P.47）。

さてこの国債、日本円の国債といったら日本国債、これはまちがいありません。米ドルなら**米財務省証券**（**トレジャリー**）、これもまちがいありません。英ポンドなら**英国債**（**ギルト**）です。

では、ユーロ建てでは？

弱りました。ユーロは加盟国だけで16あります。

このように、通貨が国家をこえている現在では、何をもって無リスク金利というかもあいまいになってきています。ユーロ圏内ではドイツが盟主となり、ドイツ国債が無リスク金利（信用リスクゼロ）の扱いを受けて紹介されていることが多いようですが、この金融危機のさなか、ドイツ国債は札《ふだ》割《わ》れ（新規発行国債の売れ残り）を起こしました。これは国債では信用にひびが入る事態です。

一方、日本国債は、800兆円という巨額の借金があるにもかかわらず、札割れをすることはまずありません。

つぎに、**ソブリン債の話**です。

国債といったら、上記のように自国通貨建てで発行されている政府債券です。これは一見、当たり前のようですが、自国通貨建てではなく外国通貨建てで発行される政府債（ソブリン債）も数多く存在します。

たとえば、韓国政府はウォン建て国債も発行はしていますが、米ドルを直接調達するために米ドル建てのソブリン債も発行しています。日本のように自国通貨建てでしか国債を発行しない国というのは、案外めずらしい存在なのですね。

以上のように、おおざっぱな仕組みは日本と同じなのですが、全てを日本基準では見られず、各国ごとに特別な事情があるのが、外国金融商品の難しいところです。

意外な落とし穴、両替手数料

外国金融商品で運用するにあたっては、**両替手数料**についてもきちんと考えなければいけません。何も考えずに大手行で両替すれ

●両替手数料

外貨預金と同様、空港の両替所などでも手数料がかかります。「BUYING（TTBとも言う）」が買取価格、「SELLING（TTSとも言う）」が販売価格で、BUYINGのほうが安くなっています。この図は「円の換金レート」の例で、一般的にマイナーな通貨ほど手数料が高くなっています。
※イラストは実際のレートとは異なります。

ば片道※1 1%ほどかかりますが、これは売買価格にすでに組み込まれています。たとえば、米ドルなら1ドル100円を基準価格（**仲値**《なかね》）とすると、米ドルを買うときは101円、米ドルを売るときは99円という感じで、実質的に手数料をとられているということです。

　これは、外貨預金でも外債※2購入でも同じくかかります。ですから、日本円から外国通貨に両替し、また外国通貨から日本円に戻す（往復）ということをすると、2%もとられることになります。日本国債の金利が5年で0.72%、10年で1.27%だったことを

※1_ある通貨を他の通貨に変えたらそれで「片道」。もう一度もとの通貨に戻したら「往復」。
※2_外国で発行された債券。この場合、日本から見た外国の債券。

考えると、これがいかに大きい額かというのがおわかりいただけると思います。

外貨預金は結局おトク？

外貨預金
安全性：★★★★　収益性（利率）：★

それでは外貨預金は結局のところ、得なんでしょうか、損なんでしょうか。ここで外貨預金の利率をもう一度、今度はもう少し詳しく見てみましょう。

たとえば、ある大手銀行の米ドルの最も長い1年物定期預金が0.35%ですが、これでも往復手数料の2%では1年待ってもまだ手数料分の金利さえ入ってきません。とすると結果的に長期運用になるわけですが、長期には為替リスクがあります。つまり、せっかく利子が入っても為替変動で相殺されてしまう恐れがあるということです（うまい具合に円安がすすめばいいですが）。

ですから結論として、基本的には外貨預金はオススメしません。

外貨預金は旨みが少ないゾウ！

しかし“使い方次第”ということもできます。たとえば海外で稼いだ米ドルをそのまま米ドル預金すれば、もちろん手数料はかかりません。それを日本円に換えて使いたい場合には1%がかかり

●三菱東京UFJ銀行の外貨預金レート

ホット定期

---は、未確定を表します。

通貨名		3万米ドル相当額未満	3万米ドル相当額以上、10万米ドル相当額未満	10万米ドル相当額以上
米ドル（US$）	1カ月	0.01000%	0.01000%	0.01000%
	3カ月	0.01000%	0.01000%	0.01000%
	6カ月	0.04000%	0.09000%	0.54000%
	1年	0.30000%	0.35000%	0.80000%
イギリスポンド（£）	1カ月	0.50000%	0.50000%	0.50000%
	3カ月	0.50000%	0.50000%	0.50000%
	6カ月	0.50000%	0.50000%	0.50000%
	1年	0.50000%	0.50000%	0.58000%
スイスフラン（SFr）	1カ月	0.01000%	0.01000%	0.01000%
	3カ月	0.01000%	0.01000%	0.01000%
	6カ月	0.01000%	0.01000%	0.01000%
	1年	0.01000%	0.01000%	0.01000%
ユーロ（EURO）	1カ月	0.50000%	0.50000%	0.50000%
	3カ月	0.50000%	0.50000%	0.50000%
	6カ月	0.50000%	0.50000%	0.50000%
	1年	0.50000%	0.50000%	0.51000%
オーストラリアドル（A$）	1カ月	1.13000%	1.18000%	1.63000%
	3カ月	1.39000%	1.44000%	1.89000%
	6カ月	1.58000%	1.63000%	2.08000%
	1年	1.73000%	1.78000%	2.23000%
ニュージーランドドル（NZ$）	1カ月	1.25000%	1.25000%	1.25000%
	3カ月	1.25000%	1.25000%	1.69000%
	6カ月	1.50000%	1.55000%	2.00000%
	1年	1.73000%	1.78000%	2.23000%

預金額が大きいほど、預け入れ期間は長いほど、利率が高くなる。

※三菱東京UFJ銀行　外貨預金金利（ホット定期）より（2009年3月26日時点）

ます。それから、片道手数料をかけて米ドルにしたお金を、そのまま引き出して海外旅行で使えば、これももちろん手数料は1%で済みます。

ですから、たとえば比較的金利の高い豪ドル預金であれば、オーストラリアによく行く人にはオススメできるかもしれません。

こういった使い方ができる銀行は限られていますけどね。

平均コストを安くする「ドルコスト平均法」

外貨預金は“使い方次第”とお伝えしましたが、外貨預金を効率的に使いこなせそうな方のために、ここで「**ドルコスト平均法**」という、便利な買い方をご紹介しておきましょう。

これは購入予算を毎回固定額にするというもので、それにより、購入数量を固定にした場合に比べ、全体の購入平均額（平均コスト）を単純な平均値より低くできるというものです。

例えば、あるETFの価格が7月に1口2万円、8月には1万円だったとします。この2ヶ月間の平均購入額を計算すると、

●個数固定の場合：
（2万円1口 ＋ 1万円1口）÷ 2 ＝ 平均15,000円
●予算固定の場合：
（2万円1口 ＋ 1万円2口）÷ 3 ＝ 平均13,333円

と、単純平均の1万5千円より低くなりますね。

こういったわけで、ドルコスト平均法は長期の価格予測がむず

かしい場合に長期にわたって資金移動させる方法として有名なのですね。外貨購入にかぎらず使える方法ですので、覚えておくと役に立つと思います。

外国預金をはじめてみよう

さて、外貨預金をするなら口座の開設はかんたんです。外貨預金といっても、日本の銀行でもできますから、お給料の口座を持ってる銀行の窓口に行って「外貨預金口座を作りたい」と言えばOKです。普通預金のネットバンキング口座を持っているなら数クリックで開設できてしまいます（入金は1ドルでもかまいません。僕も一応もっています）。口座開設は無料ですし、その後の維持費などはかかりません。銀行によってビミョーに利率は違いますから、その微妙な差で選んでもいいかもしれません。

●ネット銀行は為替手数料がお得

¥⇔$ ソニーバンクレート

必ずお読みください
外貨預金の重要事項

ソニーバンクレート

お取り引き停止時間（毎週、土曜日午前1:00～月曜日午前8:00）
お取り引き停止時間中であってもソニーバンクレートは変動する場合があります。
停止対象となるお取り引きなど詳細はこちら

2009年04月10日 18時20分10秒現在

更新

対円

通貨		ご売却時為替コスト	ご売却レート（TTB）	基準レート（TTM）	ご購入レート（TTS）	ご購入時為替コスト	単位
米ドル	1USD =	0.25	**100.22**	100.47	**100.72**	0.25	円
ユーロ	1EUR =	0.25	**131.71**	131.96	**132.21**	0.25	円
英ポンド	1GBP =	0.50	**146.51**	147.01	**147.51**	0.50	円
豪ドル	1AUD =	0.50	**71.67**	72.17	**72.67**	0.50	円
NZドル	1NZD =	0.50	**57.95**	58.45	**58.95**	0.50	円
カナダドル	1CAD =	0.50	**81.41**	81.91	**82.41**	0.50	円
スイスフラン	1CHF =	0.50	**86.12**	86.62	**87.12**	0.50	円
香港ドル	1HKD =	0.10	**12.86**	12.96	**13.06**	0.10	円

たとえば青線で囲んだ「米ドル」は1ドルあたり（片道）25銭なので、円を10,000ドル分、アメリカドルにして外貨預金する場合、25銭×10,000＝2,500円の手数料がかかります。
※ネット銀行「ソニー銀行」ホームページより（2009年4月10日時点）

それから、大手銀の高い手数料を避けたいなら、断然、ネット銀行をオススメします。米ドルやユーロなら片道25銭（約0.25％）ほど、豪ドルやポンドは片道50銭ほどですね。イーバンクなどはもっと安く1米ドルあたり15銭（執筆時）です。

外貨預金をやるだけなら大手銀行を使うメリットはほぼ皆無に等しいです。ネットは「なんとなく面倒そう」なだけで、実際には面倒どころか極めて単純かつラクチンです。厄介な点があるとすれば、不要なメール情報が配信されることくらいですが、申し込み時に「情報は不要」を選べばいいだけです。

ただこれも、預金だけでなく外国の株や債券を買うためには、他に送金手数料などがかかりますので、そこは注意してください。

外国債券のおはなし

次に、外国債券のお話です。債券は、国内債券で一度やってるので、基本はおわかりだと思います。

外国債券にも国債や公社債などいろいろな種類があります。ただ、外国債券は日本国内からの入手方法がかぎられており、個人投資家のアクセスが悪いのが難点です。現地の証券会社に口座をひらかずに買えるのは、国債や世銀債[※3]、よくて政府機関債などの公債にかぎられると考えてかまいません。

※3_世界銀行債券。国連の下部組織である国際復興開発銀行（IBRD）が発行する債券のこと。

外国政府の国債はあんぜん？

外国国債
安全性：★★★★　収益性（利回り）：★

それではまず、例によって信用リスクがない、あるいはとても低いことになっている国債の話からはじめましょう。

一部再掲になりますが、下に並べたのは、09年3月時点での各国のおよその国債利回りです。

米国債

米国債2年物	0.87%
米国債5年物	1.64%
米国債10年物	2.63%

英国政府債

英国債2年物	1.34%
英国債5年物	2.24%
英国債10年物	3.03%

独国政府債

独国債2年物	1.32%
独国債5年物	2.21%
独国債10年物	2.97%

豪国債

豪国債2年物	2.61%
豪国債5年物	3.67%
豪国債10年物	4.18%

※「〜年物」の記述はいずれも既発の残存年数

ブラジル国債

ブラジル国債2年物	10.17%
ブラジル国債5年物	12.07%

表には一般的な先進国にくわえ、ブラジルなどの**高金利通貨**国を入れてみました。ブラジル国債は2年物でも10.17%、日本国債の2年物0.40%と比べると恐ろしく高いですね。

なぜ金利が高いのか詳しいお話はしませんが、一般に高金利な国のカントリーリスクは高いです。高金利政策をおこなうのは、普通の金利では海外の投資家を呼びこめないなど、なにか特別な理由があるからですね。おいしい話には裏がある、というわけです。

金利の高い国には気をつけよう!

ですから、高金利の通貨はそれだけリスクが高いと思っておいたほうが無難です。

そう考えておけば、南アフリカ・ランドやトルコ・リラ、アイスランド・クローナなどカントリーリスクの高い高金利通貨にFXなどでレバレッジをかけて大金をつっこみ、預けたお金がゼロになるといったような大失敗をするということはありません（アイスランド・クローナの場合では実際にほとんどゼロになった個人投資家の話をよく聞きます）。英ポンドも、1992年にポンド危機に陥ったあと、復活して高金利になっていたと思ったら、今回の金融危機でまた歴史的な崩落です。

●外国債券（既発債）の取扱一覧の例

既発外貨建て債券

債券

日興コーディアル証券でお取扱中の既発外貨建て債券。

全ての既発債券

毎日午後1時頃更新(表中の条件は前営業日2009年4月8日の参考値)
参考価格はご参考として記載しております。お客様が実際に購入される場合には価格等条件を改めて取扱の店頭までお問い合わせ下さい。
また数量に限りがございますので売切れの場合はご容赦ください。
利回りは表中の受渡日をもとに算出しています。
銘柄名をクリックすると概算のシミュレーションが行えます。

並び順:　▸指定なし｜▸利率高い順｜▸利回り高い順｜▸残存短い順

通貨	銘柄名	利率	償還日	残存(約)	利払日	参考価格	利回り(複利)	受渡日	格付	額面
US$	米国国債	4.375%	2012/08/15	3年5ヵ月	02/15 08/15	110.45	1.17%	04/13	AAA (SP) Aaa (Md)	1,000
US$	米国国債	3.875%	2013/02/15	3年11ヵ月	02/15 08/15	109.45	1.34%	04/13	AAA (SP) Aaa (Md)	1,000
US$	米国国債	4.000%	2014/02/15	4年11ヵ月	02/15 08/15	110.80	1.66%	04/13	AAA (SP) Aaa (Md)	1,000
US$	米国国債	4.000%	2015/02/15	5年11ヵ月	02/15 08/15	111.15	1.96%	04/13	AAA (SP) Aaa (Md)	1,000
US$	米国国債	4.500%	2016/02/15	6年11ヵ月	02/15 08/15	114.45	2.21%	04/13	AAA (SP) Aaa (Md)	1,000
US$	米国国債	4.625%	2017/02/15	7年11ヵ月	02/15 08/15	115.20	2.47%	04/13	AAA (SP) Aaa (Md)	1,000

※日興コーディアル証券ホームページより抜粋（2009年4月8日時点）

用語を説明しておきましょう。

●利率：新発債発行時の設定利率
●残存：既発債なのですでに発売後に時間が経過しているため、償還期限までが短くなっています。
●利払日：年2回が標準。クーポンを使って利金を受け取ります。
●参考価格：新発債発行時の価格を100とした場合の既発債の価格。100より大きければ値上がりしたということ。
●利回り：既発債価格から逆算した債券の期待収益率
●額面：新発債発行時での最低購入金額のこと。参考価額が100より大きければ、実際の最低購入金額もそれにあわせて上がります。

もし、5年前に米国債を買っていたら？

今度は、為替リスクを具体的な数値をまじえて考えてみましょう。

金融危機がはじまる前の、2003年1月に米中期国債（5年物既発債）を100万円分買ったときと、同じものを2004年1月に同じく100万円分買ったときのパフォーマンスを比較してみていきます。両方とも5年後の満期償還を待つというスタイルです（実際には最低売買額の問題がありますが、ここでは無視します）。

さきほどお伝えしたように、100万円で米中期国債を買い、複利運用という計算でいきます。

手数料については野村證券を利用したとして片道50銭とられます。償還日にまとめて日本円にもどすとします。

そうすると、

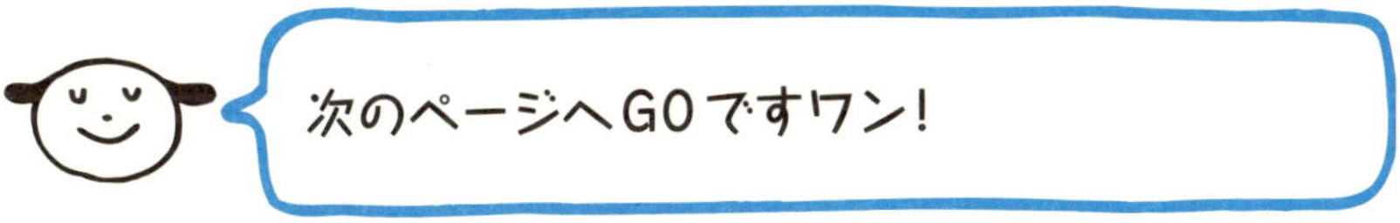
次のページへGOですワン!

●買う日が違うと利益がかわる！（米中期債の運用シミュレーション）

	シミュレーション1	シミュレーション2
購入日	2003年1月1日	2004年1月1日
米中期債利回り	2.80%	3.23%
USDJPY仲値※注	119.90円／ドル	107.13円／ドル
購入金額	100万円分 （＝9,305.64ドル）	100万円分 （＝9,291.09ドル）

↓ 5年後

	2007年12月28日	2008年12月30日
利子で増えた預金残高	9,535.35ドル	10,891.72ドル
USDJPY仲値	114.15円／ドル	91.03円／ドル
円に戻した金額	108万3,697円	98万6,027円

※注：取引所が元日休業のため、前年末の数値を採用。

左図のように、2003年開始の場合ならば単利で年約1.67%のパフォーマンスがあがりましたが、2004年開始ならば年約-0.28%のマイナスリターンです。いかにタイミングが重要か、そして為替リスクが恐ろしいかがわかりますね。

国として“堅い”米国でさえこんな感じですから、高金利としてもてはやされているブラジルや南アフリカなど言わずもがなでしょう。儲かるときはとても儲かりますが、失敗すると大損します。ハイリスク・ハイリターンです。

ちなみに、野村証券だと売買単位は1,000通貨単位、つまり米国債券なら1,000米ドル（10万円ほど）からです。そういった意味では、国内債券より買いやすいですね。

アメリカの公社債

アメリカの公社債
安全性：★★★　収益率（利率）：★★½

では次に、国債以外の商品をふくめて見ていきましょう。

全ての国の債券市場について書くわけにもいかないので、ここでは最も巨大でかつ発展している米国債券市場のお話をします。売買手続きを英文サイトからやると大きなメリットが得られますので、英語で確認しておきます。追ってふれますが、基本単語さえわかっていれば、売買自体はそんなに難しいことではありません。

米国債である米財務省証券は次の3種類です。

「**Treasury Bond（トレジャリー・ボンド、長期国債）**」
「**Treasury Note（トレジャリー・ノート、中期国債）**」
「**Treasury Bill（トレジャリー・ビル、短期国債）**」

T-noteなんて書くことも多いですね。

そして、政府機関債は「Agency Bonds」、地方債は「Municipal Bonds」、社債は「Corporate Bonds」です。政府機関債というのは、その名の通り政府機関が発行する債券で、日本でいえば独立行政法人の発行する債券のようなものです。国債とほぼ同レベルの信用力だといわれています。

続いて、信用格付けについてです。

日本の格付会社ではR＆I（格付け投資情報センター）が有名でしたが、米国では**S＆P（Standard & Poor's）**と**ムーディーズ（Moody's）**がとても有名です。ついで、**フィッチ（Fitch）**です。

たいていの場合は、これらのうち複数の格付がならべて書いてあります。かならず2社の格付けを見比べて、セカンドオピニオンを確保しているのがアメリカらしいといえばアメリカらしいですね。

さきほども言ったように、外国債券の特徴も国内債券と同じなのでここで復習しましょう。

●債券には「とても安全」「安全」「危険」の3タイプがある
●債券は返済までの期間で、「短期債」「中期債」「長期債」の3つにわけられる

覚えていますか？　ここでもA格以上が「安全」で、A格未満が「危険」です。

次の図は、S＆Pの格付けの定義です。R＆Iと微妙にちがいはありますが、あまり変わりはありません。

●長期発行体格付け

AAA	債務を履行する能力はきわめて高い。スタンダード＆プアーズの最上位の発行体格付け。
AA	債務を履行する能力は非常に高く、最上位の格付け（「AAA」）との差は小さい。
A	債務を履行する能力は高いが、上位2つの格付けに比べ、事業環境や経済状況の悪化からやや影響を受けやすい。
BBB	債務を履行する能力は適切であるが、事業環境や経済状況の悪化によって債務履行能力が低下する可能性がより高い。

「BB」、「B」、「CCC」、「CC」に格付けされた発行体は投機的要素が強いとみなされる。この中で「BB」は投機的要素が最も低く、「CC」は投機的要素が最も高いことを示す。これらの発行体は、ある程度の質と債権者保護の要素を備えている場合もあるが、その効果は、不確実性の大きさや事業環境悪化に対する脆弱さに打ち消されてしまう可能性がある。

BB	より低い格付けの発行体ほど脆弱ではないが、事業環境、財務状況、または経済状況の悪化に対して大きな不確実性、脆弱性を有しており、状況によっては債務を期日通りに履行する能力が不十分となる可能性がある。
B	現時点では債務を履行する能力を有しているが、「BB」に格付けされた発行体よりも脆弱である。事業環境、財務状況、または経済状況が悪化した場合には債務を履行する能力や意思が損なわれ易い。
CCC	債務者は現時点で脆弱であり、その債務の履行は、良好な事業環境、財務状況、および経済状況に依存している。
CC	債務者は現時点で非常に脆弱である。

「AA」から「CCC」までの格付けには、プラス記号またはマイナス記号が付されることがあり、それぞれ、各カテゴリーの中での相対的な強さを表わす。

※スタンダード＆プアーズWebサイト　格付け定義規準より引用

ご覧のとおり、レーティングの方法や内容は、ほぼ日本の国内債券と変わりありません。

債券の評価方法は日米ほとんど一緒!

海外債券は日本の債券に比べて情報を手に入れやすく、米Yahoo! Financeでも見ることができます。Yahoo!で表示されている格付け（レーティング）はフィッチのものです。

売買単位も100万円相当以下のものが多く、日本の債券より小口に投資ができます。

日本の債券とちがうのは、為替リスクがふくまれていることだけです。これを毎度の式であらわすとこういうことになります。

外貨建て公社債の利回り ＝ **外国国債の利回り** ＋ **信用プレミアム**

●米国の公社債の平均利回り

US TREASURY BONDS				
MATURITY	YIELD	YESTERDAY	LAST WEEK	LAST MONTH
3 MONTH	0.13	0.16	0.16	0.27
6 MONTH	0.36	0.38	0.37	0.47
2 YEAR	0.90	0.95	0.86	0.97
3 YEAR	1.27	1.32	1.20	1.36
5 YEAR	1.79	1.81	1.64	1.88
10 YEAR	2.74	2.79	2.60	2.79
30 YEAR	3.64	3.73	3.62	3.49

MUNICIPAL BONDS				
MATURITY	YIELD	YESTERDAY	LAST WEEK	LAST MONTH
2YR AA	1.30	1.18	1.65	1.72
2YR AAA	1.31	1.25	1.53	1.46
2YR A	1.97	1.99	1.93	1.98
5YR AAA	2.19	2.23	2.45	2.16
5YR AA	2.30	2.30	2.69	2.27
5YR A	2.59	2.51	2.90	2.46
10YR AAA	3.36	3.24	3.47	3.30
10YR AA	3.48	3.39	3.48	3.19
10YR A	3.55	3.51	3.63	3.37
20YR AAA	4.60	4.60	4.83	4.34
20YR AA	4.79	4.79	5.08	4.58
20YR A	5.12	4.83	5.03	5.31

CORPORATE BONDS				
MATURITY	YIELD	YESTERDAY	LAST WEEK	LAST MONTH

Yahoo! USAのファイナンスページで簡単に見られます。
US TREASURY BONDS＝米国債、
MUNICIPAL BONDS＝地方債、
CORPORATE BONDS＝社債と、
カテゴリ別に分類してあります。

●MATURITY：償還期限。2YRは「2 YEARS」の略。「AAA」などはレーティング。
●YIELD：利回り
●YESTERDAY,LAST WEEK,LAST MONTH：昨日、先週、先月のそれぞれの利回り値

●個々の債券の情報

OVERVIEW	
Price:	102.83
Coupon (%):	6.000
Maturity Date:	31-Oct-2033
Yield to Maturity (%):	5.788
Current Yield (%):	5.835
Fitch Ratings:	AA
Coupon Payment Frequency:	Semi-Annual
First Coupon Date:	30-Apr-2004
Type:	Corporate
Callable:	No
OFFERING INFORMATION	
Quantity Available:	100
Minimum Trade Qty:	1
Dated Date:	30-Oct-2003
Settlement Date:	13-Sep-2007

http://finance.yahoo.com/bonds

上のリストで個々の銘柄をクリックすると、それぞれの商品の詳しい情報が見られます。
要所のみご紹介しておきます。

●PRICE：値段（米ドル）
●COUPON：表面利率
●FITCH RATINGS：フィッチによる格付け
●QUANTITY AVAILABLE：取扱い数量
●MINIMUM TRADE QTY：最低販売数
※この銘柄の場合、最低販売数が1で価格が102ドルだから、約1万円から買えるということですね！

外国債券を買ってみよう

今までの話と重複するところもありますが、外国債券の買い方について、2つの主な方法をお伝えします。

国内証券会社

まず、国内証券会社です。伝統的証券会社やネット証券ですね。

これらは債券価格に関しては違いはありませんが、為替手数料に違いがあります。

外国債券の場合も、為替手数料は取扱い金融機関や対象となる通貨によって変わってきます。たとえば、野村証券の場合はいちばん有利な米ドルの場合でも片道0.5%ほどですね。ユーロならば片道0.75%、英ポンドやNZドルになると片道1%になります。

国内証券会社では、取扱い銘柄は国債か公債くらいで、あまり多いとは言えません。英語にまったく自信のない方は実質的にこの方法しかありませんが、以上の理由からそれほどオススメとは言えません。

ディスカウント・ブローカー

次に、日本国内で展開している外資系ディスカウント・ブローカー[※4]です。

※4_手数料を割引（ディスカウント）してる証券会社。ネット系が多い。

ネットだから手数料が安いんデスね!

日本語が完備されているとはいいがたいですが、日本人にベストなのは「**Interactive《インタラクティブ》 Brokers《ブローカーズ》**」でしょう。口座開設は無料ですが、審査はやや厳しく、最低入金額も1万米ドル相当額（日本円も可）、口座維持手数料は月10米ドルほどです。

ここは債券に関しては米国のものしか扱っていないようですが、債券以外の商品の品揃えもいいですし、為替手数料も片道0.01%以下になります。

英語にそれほどアレルギーのない方でしたら、かなりオススメです。電子辞書と高校生程度の英語力があればなんとかなりますし、株や投信は米ドル建て以外もたくさん扱ってますからね。

というわけで、米国債券のみですが外国債券を買うのならばオススメは「Interactive Brokers」、米国以外の外国公債ならば、為替手数料は涙をのんで国内系証券会社でやるしかないでしょう。他にも**E*TRADE**など現地のネット証券会社に口座を開いてしまう方法もあります。しかし、これだと現地通貨を送金しなくてはならないので、国内行からは数千円程度の送金手数料がかかります。

とはいえ、インターネットの発達で、海外にも個人投資の可能性がひろがったのはいいことです。世界中の金融商品に自宅からアクセスできる快適さを、ぜひ体感してみてください。

外貨預金と外国債券のまとめ

- 外国通貨建ての政府債は「ソブリン債」という
- 銀行の為替両替手数料は高い
- かんたんに外貨に換えたいだけなら、ネット銀行もオススメ
- 本格的に海外投資をやるなら英語は必須（読み書きのみ。しゃべれなくてもいい）
- 高金利通貨は「危険」な通貨であることが多い
- 外国の国債のリスクは、為替リスク
- 外国の公社債のリスクは、為替リスクと信用リスク
- 米国債券の格付け会社は、S＆P/ムーディーズ/フィッチ
- 外国債券の買い方は、国内証券会社・外資系ディスカウントブローカー・現地証券会社の３通り

外貨預金　投資オススメ度 

※低利率、為替リスクありでいいとこなし。円高だから買いという判断もよく耳にしますが、いつ報われるかは闇。だったら確実な国内債券を。

外国債券　投資オススメ度 

※為替リスクに手数料といいことなし。現地に生活拠点がある人は、為替リスクがなくなるのでアリ。ただし、高金利の途上国国債などは危険。

PART.1

9 外国株式

Apple、Microsoft、McDonald's、Volkswagen、Louis Vuitton……。

好むと好まざるとにかかわらず、現在はグローバル化の時代です。それにともなって、見知った企業が海外に本社を置いているということも珍しくなくなってきました。

さらに朝のニュースでは、必ず日経平均といっしょにある指数が報道されます。「**ダウ工業株30種平均**」です。よく考えてみれば、一般向けの国内ニュースの時間に海外株の情報を流すというのも不思議な話ですが、これも、世界はつながり、マーケットも一体化しているということの証です。それなのに、金融商品にかぎっては、我々が手を出す範囲といえばいまだに国内企業ばかりというのが主流です。

こう書くとまるで「では、世界中の金融商品を買ってみよう!」という話になってきそうですが、ホンネを言うとやはり外国金融商品はあまりススメません。とくに外国株式の場合は、株式リスクにくわえて為替リスクがありますし、売買についても日本語なら手数料が割高、それが嫌なら英語といいことがないのです。

しかし、株式リスク分散で海外の株式を買いたいというニーズもあると思うので、少しだけ解説していきたいと思います。

外国株式にはどんなリスクがある？

さて、いつものとおり、外国株式のリスクとリターンを分解すると以下のようになります。

外国株式の期待収益率 ＝ **外国国債の利回り** ＋ **株式プレミアム**

となります。

問題はこの株式プレミアムです。日経平均のときは5〜6%でしたが、これは国によって違います。たとえば、米国では3%ほどだと言われています。

じゃあアメリカ株は日本株よりもソン？

全般的には、米国など金融の発達した国ほど株式プレミアムは小さく、中国やベトナムなど発展途上国ほど株式プレミアムは大きくなる傾向があります。これは資本市場の発達の違いと言えますが、実際問題として先進国の方が情報開示が徹底していたり不正に厳しかったりするので、リスクが低いと言うこともできます。

世界のインデックスと
インデックス連動ファンド

外国企業となると、東京証券取引所外国株市場（旧東証外国部）にでも上場していないかぎり、日本語の決算書はありません。ですから、その国の言葉がわからなければ日本以上に個別株投資はやらないほうがいいでしょう。決算の方法である会計基準や決算通貨も、国ごとに異なってきます。

というわけで、ここでオススメするのはやはり、株価指数連動型のパッシブ型投資信託です。そのうち銘柄として上場されたもの、つまりETFも含みます。ここから先は各種インデックスを紹介しますが、ETFがあるインデックスも、ETFがないインデックスもあわせて紹介していきます。

では、外国の株価指数にはどんなものがあるのか、順を追って見ていきましょう。

まずは世界中の株式をまとめて時価総額加重平均した世界インデックスです。有名なのはMSCIワールド・インデックスです。

MSCI World（先進国23ヶ国）
MSCI Kokusai（MSCI Worldから日本を除いたもの）
MSCI Emerging Markets（発展途上国25ヶ国）

これらはいうまでもなく、世界経済と運命をともにする株式指数です。これらのインデックスに連動[※1]したパッシブ型投信がオススメということですね。

> **外国株式（世界インデックス連動）**
> 安全性：★★½　収益性（期待収益率）：★★★

MSCI Kokusai連動のパッシブ型投資信託だと、野村アセットマネジメント（運用会社）の投資信託で信託報酬手数料が年0.231％（解約時に「信託財産留保額」を別途0.2％とられます）、モルガン・スタンレーの投資信託で信託報酬手数料は年0.945％のようです。

ただ、MSCIは時価総額加重平均の関係で、業種別にはとてもよく分散しているのですが、国別にみるとMSCI Worldの場合でも米国の構成比率が約50％とやや偏っています。国際分散投資対象としては注意も必要です。

※1_インデックスに「似た」銘柄で構成しているので、値動きも似る、ということ。金融用語ではないですがよく使う表現です。

●iシェアーズ®MSCI KOKUSAI（コクサイ）・インデックス・ファンドの投資内訳

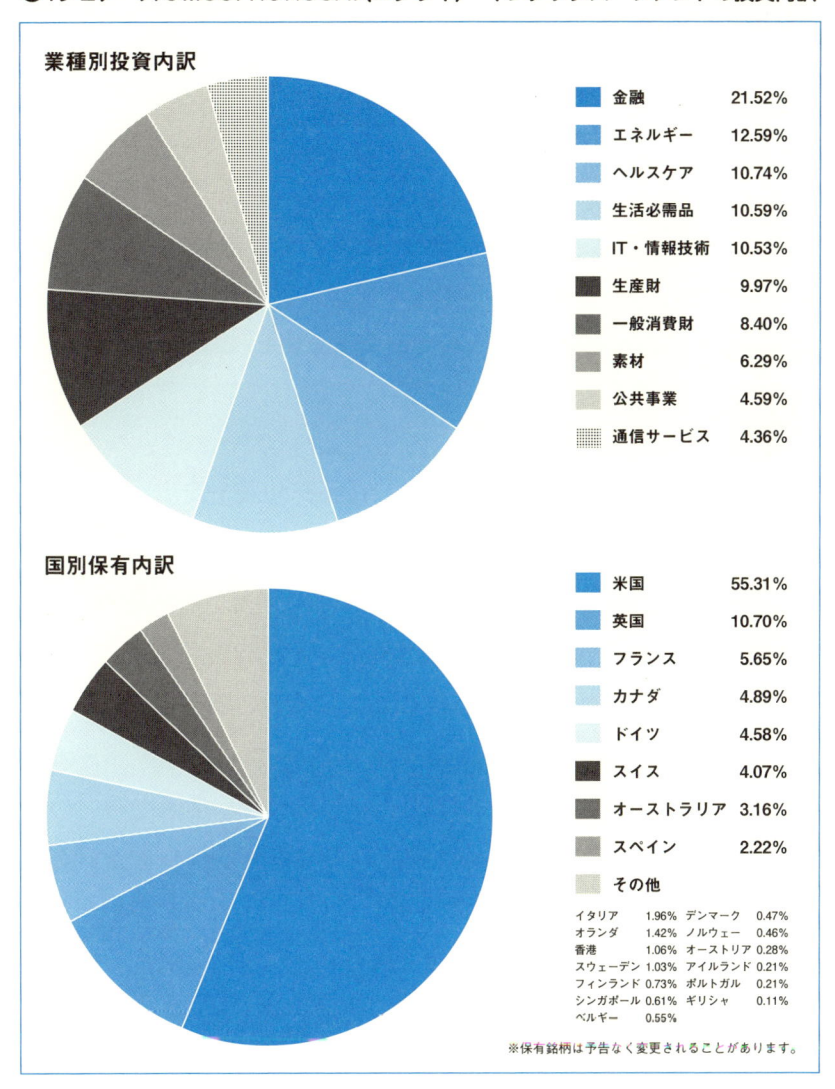

業種別投資内訳

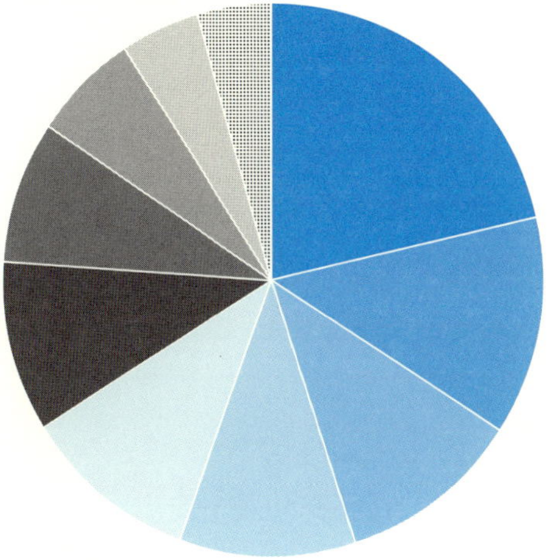

国別保有内訳

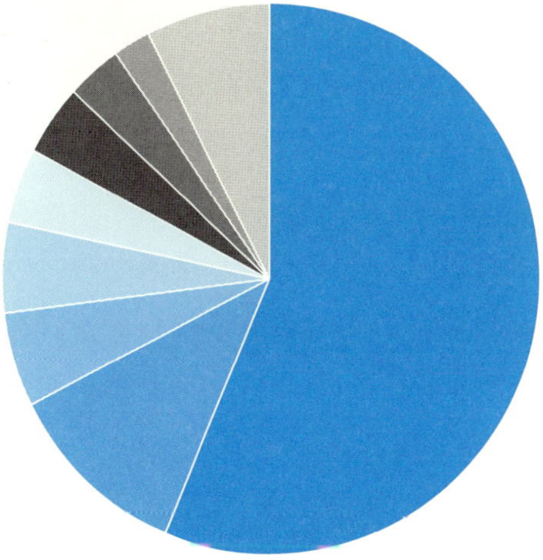

※保有銘柄は予告なく変更されることがあります。

iシェアーズの「MSCI KOKUSAI インデックス・ファンド」より作成。当ファンドの投資内訳。国別では米国商品の比率が大きく、米国の景気の影響を受けやすい。
※出典：www.ishares.co.jp 2008年9月30日時点

米国のインデックス

外国株式（米国インデックス連動）
安全性：★★　収益性（期待収益率）：★★★⯪

つづいて、米国市場のインデックスです。市場がひろいだけあって、たくさんの株式指数があります。総合指数でいえば次の3つが有名どころです。

Dow Jones Industrial Average（ダウ工業株30種平均）
NASDAQ Composite（NASDAQ総合指数）
S＆P 500 Index（S＆P 500指数）

期待収益率はダウが8.83％、NASDAQが5.52％（P.21）でした。S＆P 500のデータは見あたりませんでしたが、NASDAQと同じくらいでしょう。

どちらかといえば、ダウは日経平均とおなじく単純平均※2のうえ組み入れ銘柄数が30銘柄と少ないので偏りが出やすく、この中から選ぶならばS＆P 500がベストでしょう。S＆P 500指数は、さきほどの格付会社S＆Pが米国の優良企業500社を選んで時価総額加重平均したものです。

ただ、国内投信で買えるものはNASDAQのみで、ダウとS＆

※2_全部を足して全部の数で割る単純な平均方法。時価総額加重平均などはこれに含まれない。

ティッカー・シンボル

ここで少しだけブレイクして、「ティッカー・シンボル」の話をしましょう。

日本の株式には証券コードというものがありましたね。トヨタ自動車なら“7203”でした。アジア圏のマーケットなら、みんな似たような方法でコードをつけています。

しかし、アルファベット圏である欧米では日本とはすこしちがったコードがついています。これら欧米圏でついているアルファベット文字の記号を「ティッカー・シンボル」と言います。たとえば、マクドナルド（米国）ならば“MCD”、フォルクスワーゲンならば“VOW”という感じです。Appleなら“AAPL”です。

Pはいずれも海外の市場にアクセスできる証券会社に口座を開かないと買えないようです（証券会社にも海外商品を扱うところと、扱わないところがあります）。ですから、購入には米国現地証券会社の口座開設か、あるいは国内では楽天証券など米国株式を取り扱っている一部の証券会社の口座開設が必要です。

欧州のインデックス

外国株式（欧州インデックス連動）
安全性：★★　収益性（期待収益率）：★★★½

さて、話を戻して次は欧州市場です。**ユーロネクスト**（欧州の複数の国の取引所が統合してできた汎欧州証券取引所）である程度は統合されたとはいえ、欧州の株式市場はほとんど以前とおなじく一国一取引所の状態です。ですから、インデックスも国ごとにあります。代表的なものは、

英国――FTSE 100（フィッツ100／フィッツ100種総合株価指数）
独国――DAX（ダックス／ドイツ株価指数）
仏国――CAC 40（カック40／カック40指数）

収益率は英9.91％、独9.35％、仏11.22％（P.21）でしたね。

欧州インデックス連動型については、パッシブ型は現地のマーケットにアクセスしないと買えません。フランス語とかドイツ語とか、無理無理って感じです。米国市場に上場されているETFもいくらかはあるようです。

本書のスタンスは基本的にパッシブですが、上記の欧州投信も、アクティブであれば国内での取り扱いも多少はあります。ただこれも詳しくふれません。信託報酬も1.5％～2.0％と高いですから。

アジアのインデックス

外国株式（アジアインデックス連動）
安全性：★½　収益性（期待収益率）：★★★★

アジアも欧州とおなじく、国ごとに指数がある状況です。有名なものでは、

シンガポール――ST指数
香港――ハンセン指数
中国――上海総合指数
中国――ハンセン中国企業株指数

などです。

これらの収益率は上から9.53％、9.08％、6.14％、9.64％（P.21）でした。

他にも韓国のKOSPIやベトナムのVN指数などもあります。

上海総合指数などはETFがあるようですが、パッシブなのに1％ほどの運用手数料なのは痛いところです。しかし、これら発展途上国の商品になってくると先進国市場の商品にくらべてさらにハイリスク・ハイリターンの世界なので、1％くらいなんてことない……という考え方もできますね。個人的にはアジア市場はまったくわからないので、このくらいにしておきます。国内で買えるものも多少あるようです。

外国株式を買ってみよう

ためらうことなく「Interactive Brokers」に口座を開きましょう。僕はIBの回し者でもなんでもありませんが、ここに口座を開いておけば世界中の株式市場にアクセスできます。繰り返しになりますが、口座開設は無料ですが、審査はやや厳しく、最低入金額も1万米ドル相当額、口座維持手数料は月10米ドルほどからです。

手数料が安くて商品も豊富!

具体的にはアメリカ、カナダ、メキシコ、ベルギー、フランス、ドイツ、イタリア、オランダ、スペイン、スウェーデン、スイス、イギリス、オーストラリア、香港、日本、シンガポール、韓国の市場の株式を買えます（ETFは、アメリカ・カナダ・フランス・ドイツ・オランダ・スイス・イギリスのみ）。しかも、売買手数料は格安です。

楽天証券など日本のネット証券でも米国株や中国株を売買できるところはありますが、為替や売買手数料が高かったり取扱い銘柄がかぎられていたりと、あまりオススメできません。「かんたん」という面ではアリですね。

外国株式を買うときの注意点も買い方も、基本的には国内株式と同じです。ちがいは為替リスクだけです。

外国株式のまとめ

- 外国株式もインデックス投資がオススメ
- 世界株インデックスではMSCIインデックスが有名
- 米国株インデックスではダウ、NASDAQ、S＆P500が有名
- 欧州株インデックスは英FTSE100、独DAX、仏CAC40が有名
- アジア株はオススメしない

投資オススメ度 

※株式リスク、為替リスクなどリスクだらけで、かつ日本で得られる情報も僅少。インデックス連動のETFであれば、リスクは比較的低いけど、為替リスクがあります。

PART.1

10 外国投資信託

続いて、外国投資信託の話をしましょう。

投資信託について前項で話したことをおさらいすると、

投資信託

- **投資する商品で分けると、国内株式型、国内債券型、外国株式型、外国債券型の4つがある**
- **運用方法で分けると、アクティブ型とパッシブ型の2つがある**

ですね。

そして、株式型でも債券型でも、アクティブ型は手数料が高いわりにそんなにパフォーマンスが上がらないので、パッシブ型にしようという話でした。これらは外国商品でもおなじです。

人気商品にご用心

ではまず、オススメのパッシブ型投信からいきましょう。以下で紹介するのは、長期運用目的の外国債券型投資信託です。

パッシブ型外国債券型投資信託では、シティグループ世界国債インデックス（除く日本）に連動するものが多いですね。このインデックスは、日本を除く世界主要国の国債を時価総額加重平均したものです。また、このインデックスに連動する具体的な商品としては、「**DIAM外国債券インデックスファンド**」や「**中央三井外国債券インデックスファンド**」などがあります。

これらシティインデックスに連動するパッシブ型の外国債券型投資信託は、各国の国債やソブリン債（P.139）を組み合わせた外国債券型の投資信託で、信用リスクとしてはゼロにちかく安全ですが、為替リスクをもろに食うことになります。こういった外国債券ポートフォリオを組むのなら、投資適格債券や高格付け債券インデックスである程度信用リスクをとって、ポートフォリオを自分で組んだほうがパフォーマンスが高くなるでしょう。

外国債券型投資信託（アクティブ型）
安全性：★★★★　収益性（利回り）：★

ちなみに、有名でかつ売れているものに「**グローバル・ソブリン・オープン（グロソブ）**」や「**日興五大陸債券ファンド**」などがあります。

これらは、かつての窓口販売がすごかったので知名度で売れてこそいますが、アクティブ型なので基本的にはそんなにはお得ではありません。かつては表面利率がよく売れていましたが、最近は円高の影響によるひどい損失を出しています。

外貨MMF・MRFの使い方

外貨MMF・MRF
安全性：★★★★　収益性（利率）：★

外貨MMF・MRFも国内のときとおなじく、買いやすく売りやすい、つまり流動性の高い非常に安全な債券型投資信託であるともいえます。その分、リターンが低いという話もしました。さて、短期の安全性の高い商品で運用する、債券型投資信託にちかい商品、それがMMFやMRFでしたね。さきほどは日本円建てでしたが、外貨建てMMF・MRFもあります。

しかしそもそも、外貨に換えて運用するような資産は、あまり頻繁に交換していると為替手数料がかさむため長期の運用をするしかないので、そこまでの流動性は必要ないでしょう。はなから流動性を重視しないのであれば、外貨MMF・MRFをやるよりも、為替手数料の安い公社債でも買っておいたほうがはるかに“お得”です。

執筆時の現在ならば、米ドル建MMFが利回りがいいものでも0.5％程度のところ、2年物AA格の米国公債ならば1.52％、AA格米国社債ならば3.37％ほどです（いずれも平均利回り）。リスクを分散したかったり小口投資ならば債券インデックスを買っておけばいいでしょう。

繰り返しになりますが、外貨MMF・MRFのメリットは流動性です。お金に戻しやすいということです。なので、たとえば良い商品が見つからないときなど、一時的な資金の逃避先としてのみ活用するといいと思います。

**オイシイ商品が見当たらないときは
外貨MMF・MRFもアリ**

様々な外国投資信託

つづいては**ヘッジ型投信**、**ブル型投信**、**ベア型投信**、**ハイイールド投信**など、国内で買える外国型投資信託、あるいは現地経由でしか買えない投資信託に特有の、特殊な投資信託についてお話ししていきます。

ここからさき、P.178の「ハイイールド型投資信託」までは経験者向けですので、入門者の方は読み飛ばしていただいてもかまいません。

ヘッジ型投資信託

外国投信を買うときのリスク・プレミアムを整理すると、次のようになります。

外国株式の期待収益率 ＝ 外国国債利回り ＋ 株式プレミアム － 利益成長率

外国債券の利回り ＝ 外国国債利回り ＋ 信用プレミアム

そして、外国商品を買うときの悩みの種は「為替リスク」でした。つまり、為替レートがかわってしまうと、円安方向にふれれば利益になりますが、円高方向にふれると損になってしまいます。これはなんとも嫌なリスクでした。

このリスクを自動的に回避してくれるのがヘッジ型投資信託です。為替リスクの一部しかヘッジしないものもありますが、ここでは全てヘッジするものを説明します。

原理は単純で、為替のプラスとマイナスを相殺《そうさい》させる、というだけです。具体的には、“円高で損する”米ドル建て商品を買ったら、その分、“円高（＝ドル安）で得する”米ドルの空売りをしよう、ということです※1。原理は単純でもややわかりにくいので、

※1_実際には「フォワード取引」という、やや難しい取引をしています。

●ヘッジ型投資の概念図

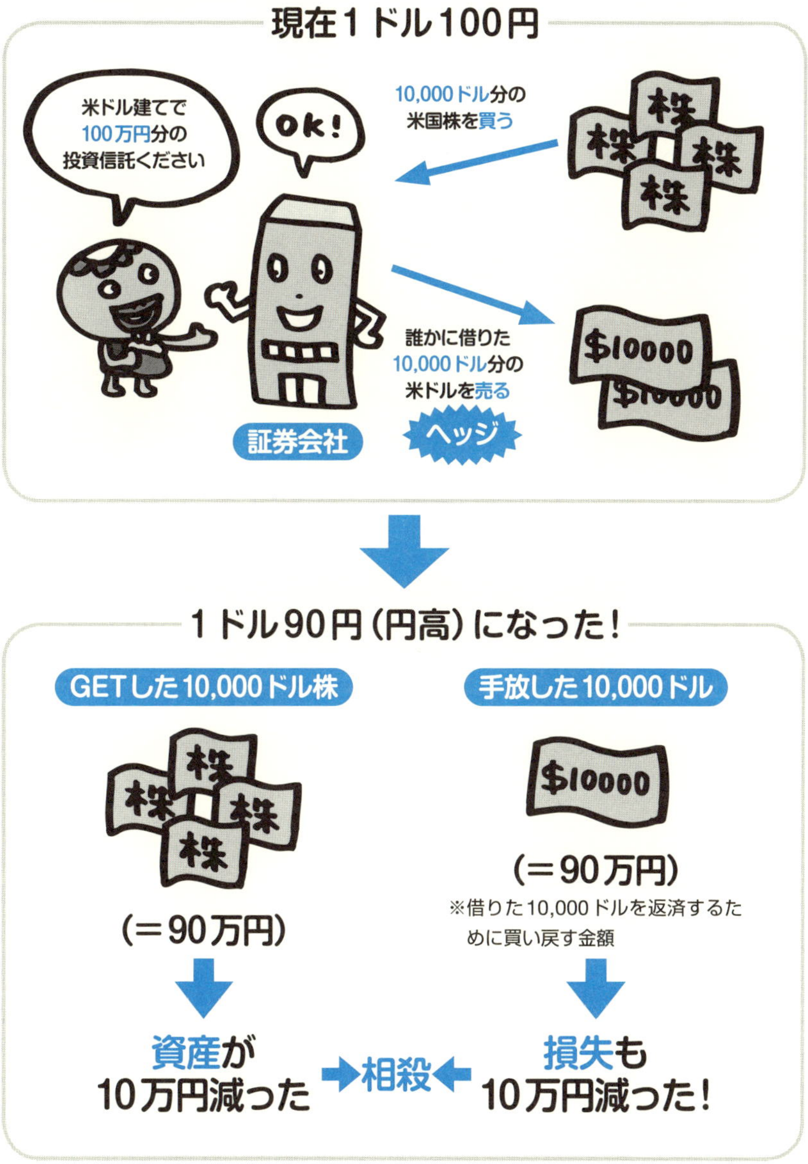
現在1ドル100円
米ドル建てで
100万円分の
投資信託ください
OK!
10,000ドル分の
米国株を買う
株
誰かに借りた
10,000ドル分の
米ドルを売る
$10000
証券会社
ヘッジ
1ドル90円（円高）になった！
GETした10,000ドル株
手放した10,000ドル
（＝90万円）
（＝90万円）
※借りた10,000ドルを返済するために買い戻す金額
資産が
10万円減った
相殺
損失も
10万円減った！

図を見ながらご説明しましょう。

前ページの図の解説

1：カッパ君が1ドル100円で、米ドル建て株式を10,000ドル（100万円）分買いました。もし円高がすすんで1ドル90円になると、1ドルあたり10円の差損が出て、株式の価値は90万円になります。

2：株を買うと同時に、逆に円高で差益が出ることをやっておきます。ここで出てくるのがP.93でやった「空売り」です。誰かに10,000ドル（100万円）を、1ドル100円で借りて市場に空売りしておくわけですが、円高で1ドル90円になれば、どうでしょう？　もうおわかりですね、10,000ドルを借りていたけれど、返すにあたりドルを買い戻すのにかかる金額は90万円です。10万円の差益ですね。

ヘッジ型はこのように為替リスクをなくして、外国商品に投資することができるシステムです。ただ、この投資信託を使えば、為替リスクがなくなるかわりに、為替プレミアムもなくなります。つまり金利差のメリット（為替プレミアム）がなくなって、円高になっても損はしませんが円安になっても利益にもならないということです。

為替ヘッジは原理的には個人にもできますが、大きく相場が動いたときなどに口座間の資金の移動などいろいろと手間がかかるので、ヘッジ型商品を買った方が無難です。

以上見てきてわかるとおり、ヘッジ型投資信託は国内株式市場が低迷しているなかで外国株式市場が上昇基調にあるときに、為替リスクを気にせずに外国商品に投資をしたい場合にオススメの方法です。手法としてはかなり高度になってきますが、やること自体はかんたんです。

国内で買える具体的なパッシブ型のヘッジ型商品には、MSCI Kokusai(円ヘッジあり）に連動する「**年金積み立てインデックスF海外株式（ヘッジ有)**」や、さきほどのシティグループ世界国債インデックス（除く日本/円ヘッジあり）に連動する「**年金積み立てインデックスF海外債券（ヘッジ有)**」などがあります。

ブル型・ベア型投資信託

国内株式型では少ないですが、外国株式型には多く見られるショートやレバレッジをもちいた商品です。ここまでくると投機の意味合いが強く、投資とは呼べません。

まずは、ブル型です。投資信託名に「**ブル（Bull)**」と入っているものです。これはレバレッジをかけて買いをいれる商品になります。

つぎに、ベア型です。投資信託名に「**ベア（Bear)**」や「**インバース（Inverse)**」と入っているものが、これにあたります。これは、組み入れ銘柄全てを空売りしている投資信託です。たいていの場合はレバレッジがかかっています。

たとえば、“RSW”のティッカーシンボルで米国の証券取引所に上場されているETF「Rydex Inverse 2x S & P 500」は、S & P 500をレバレッジ2倍で空売りする商品ですね。2008年の初頭からリーマン・ショックの直後には米ドルベースで2倍ちかくにまでなっています。

これはふつうに空売りしたときのように追証《おいしよう》※2が発生する危険性がありません。つまり、払い込んだ額以上に損をすることがなく、損失が無限ではなく有限なのですね。そういった意味では普通の空売りよりはリスクが低いと言えます。こういった面白い商品も、海外に目をむければたくさんあるのですね。

ハイイールド型投資信託

これは外国債券型投資信託にあたります。外貨MMFや普通の外国債券型投資信託との違いは大きな信用リスクです。ハイイールド型投信は、投機格債券、つまり「危険」な債券に投資をする商品です。S＆PでBB以下、ムーディーズでBa以下。ただでさえ為替リスクがあるのに（ヘッジがされているものもあります）、信用リスクまで上乗せされる、とても投機的な商品です。これは国内でも数多く取り扱いがあります。名前に「**ハイ・イールド・ボンド**」と入っているものですね。

かなりの目利きが必要とされるので、ほとんどはアクティブ型になります。ファンド運用者の腕も重要ですが、ハイイールド債の場合もマーケット参入のタイミングが大事になってきます。債券市場がわからなければ、手を出すのはオススメしません。

国内で取り扱われているものは為替ヘッジ型の商品も多いです

※2_担保として預けてたお金（証拠金）以上に含み損が膨らんだとき、追加で徴収されるお金。追加保証金。

ね。ベンチマークとしては「Merrill Lynch BB/B Cash Pay Issuer Constrained Index」がもちいられることが多いようです。

投資信託をさがしてみよう

国内の投資信託のときもお世話になりましたが、米国で投資信託を買う場合にこそ「**モーニングスター**（http://www.morningstar.com)」がたよりになります。全て英語になるのがタマに傷です。

ここでは投資信託やETFを、条件を設定して検索をかける「**スクリーニング**」も無料でおこなえます。

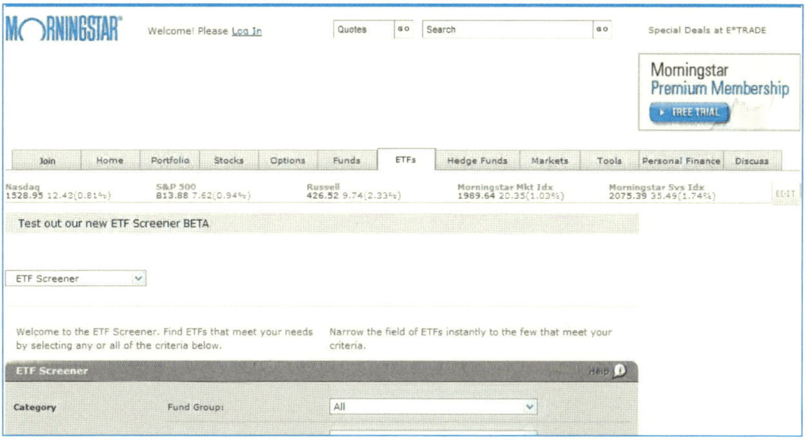

※米国モーニングスターのスクリーニングページ。すっきりしたデザインがGOOD。
Morningstar U.S.A（http://www.morningstar.com）より（2009年3月26日時点）

さらに、本書で紹介しきれなかったたくさんの投資対象や手法をもちいた商品があります。さすが、金融先進国アメリカといった感じです。

トレーディング[※3]にちかい投機の話になりますが、こういった前提知識をもったうえでETFや投資信託をさがしてみると、とても面白いです。興味をもった方は、ぜひ米国をはじめとする海外の証券会社に口座を開いて、国内では体験できない投資環境を味わってみてください。

※3_投機的に金融商品を短期売買すること。対義語はインベストメント（投資）。

外国投資信託のまとめ

- 外国商品の投資信託でもパッシブ型がオススメ
- 外貨MMF・MRFは長期投資には向かない
- 為替ヘッジをおこなう投資信託は「ヘッジ型」
- レバレッジをかける投資信託は「ブル型（買い）」「ベア型（売り）」
- ハイイールド債の投資信託もある

外国投資信託

投資オススメ度 3

※外国株と同様の理由で、基本的にビギナーにはオススメできず。ただ、為替リスクを避けられるヘッジ型は、国内低調、海外好調の場合にはうまく使えば利点も（とはいえビギナーにはやはり危険）。

PART.1 11

金、REIT、デリバティブス

最後に、金、不動産といった金融商品に似た投資商品と、いろいろな**デリバティブス**（**金融派生商品**）についてお話ししてこの章を終わりにしたいと思います。この項はどちらかといえば投機的な話が多くなりますので、実際の運用法というよりも、知識として持っておくことをオススメします。軽く読んでいただく程度で大丈夫です。

金（Gold）

マネー誌でよくあつかわれるので勘違いされている方もいらっしゃるかもしれませんが、金《きん》それ自体は金融商品ではありません。金融商品というのは「お金が働いてくれる」、つまりキャッシュフロー[※1]が生み出されなければ、金融商品ではないのです。みなさんも知ってのとおり、金はたんなる金属です。

では、なぜ金が注目されるかといえば、以下の2点においてです。

※1_お金の流れのこと。

① 時代や国を問わず、価値が不変
② 流動性が高い

つまり、金融商品ではないので自分で働いてくれるわけではないのですが、資産性がとても高いのです。貨幣は紙くずになってしまうことはあっても、金は安価に人工的につくれるようにまで科学が発展しないかぎり（実現した科学者は片っ端から政府のアサシンに消されるという話もありますが）、決してただの石ころにはなりません。

金《きん》は価値がなくらないってことカッパね

金が投機的な商品として扱われる理由はここにあります。つまり、金自体の価値は変わらないのに、金を換算する通貨の価値がころころ変わるので、相対的に金価格が上下するからです。

世界の金価格は、ニューヨーク・マーカンタイル取引所（NYMEX）で決まります。ですから、米ドルベースで、重さの単位もオンス（約28.35g）で決まります。執筆時現在では900ドル台でうろうろしています。

日本の金価格は、この米ドルの価格を円ベースのグラム単位に換算したものになります。執筆時現在はグラムあたり3,000円台です。為替レートをかけますから、米ドルベースの金価格がそのままでも、日本円ベースでは円安になれば金価格は上昇し円高になれば金価格は下落します。

ですから、たとえば何かの拍子に日本円が売りすすめられれば、円安になって金をもっていれば利益になるというわけです。

こういった金をはじめとした価格が変動する商品（コモディティー）の性格を利用して、「**先物《さきもの》取引**」というものが生まれています。これはデリバティブ取引のひとつです。

この先物取引という言葉、よく聞くけれどなんのことかよくわからないという方も多いと思います。先物取引は、現在では金などの商品（コモディティー）だけでなく金融商品でも行われていますので、詳しく説明しましょう。

先物取引と金

先物というのは「商品の受渡しはあとにして、売買契約と現金の受け渡しだけ今やってしまう」取引のことです。これから値段が上がりそうなら安い今のうちに「**先物買い**」、これから値段が下がりそうなら高い今のうちに「**先物売り**」をすればいいわけですね。

安いうちに買う、高いうちに売る。
意外にシンプルだゾウ

たとえば、小麦先物だったら、小麦100kgを3ヶ月後に受け取る権利を現在の価格で買う（先物買い）という感じです。こうしておけば、3ヶ月後に小麦の価格が上昇しても前払いした金額で小麦を受け取ることができます。

●先物取引の概念図

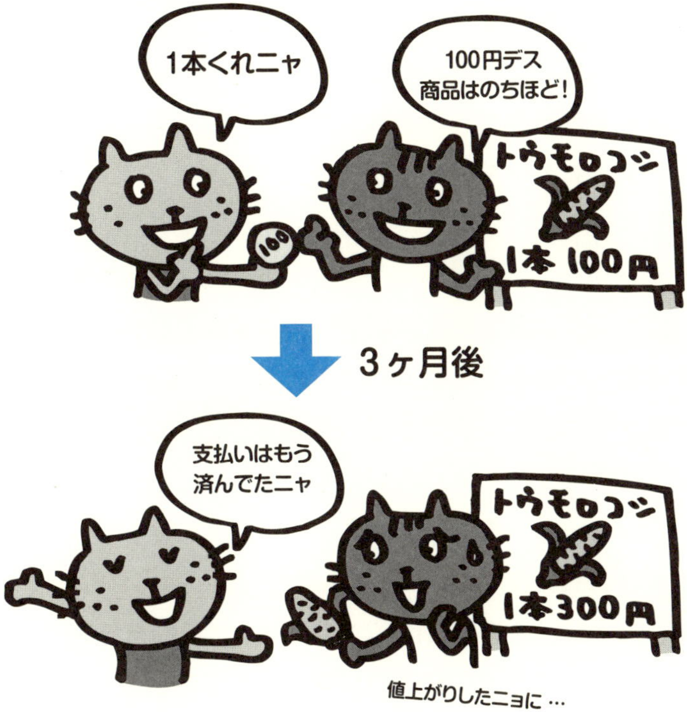
1本くれニャ
100円デス
商品はのちほど!
トウモロコシ
1本 100円
3ヶ月後
支払いはもう
済んでたニャ
トウモロコシ
1本300円
値上がりしたニョに…

このように、商品受渡し前に価格が変動してしまうリスクをヘッジするためにうまれたのが商品先物取引です。

しかし、もともとリスクヘッジ目的だったものが、そのうち投機的なものとして利用されるようになりました。商品先物取引は証拠金※2取引といって、高いレバレッジをかけて取引をすることが可能だからです。その分、はずせば大損なのはもうおわかりで

※2_レバレッジ（P.96）をかけた取引をするときに担保として預けるお金。

すね。

先物取引は、歴史的に食料先物から発達したこともあって、トウモロコシや大豆などの食料の取引が多いです。これは、農業が天候や豊作・不作に左右されるリスクが高いビジネスなので、そのヘッジを目的にして発達したからです。

金にも先物があります。基本的に1,000g（1枚）、証拠金15万円からと、売買額が大きくやや敷居が高いですが、最近では数万円の少額から取引できる「**金ミニ**」（100g、証拠金1万5,000円から）や、プラチナを少額から取引できる「**白金ミニ**」が登場してきたので、個人でも参加しやすい環境になってきました。これらは商品先物証券会社（ネット証券ではドット・コモディティなど）で株と同じように買えます。

金の派生商品には**金連動ETF**もあります。金が上がればこっちも上がるという証券です。普通の証券会社で買えるので、証券会社で他の取引もやっている方にはアクセスのいい商品です。

ちなみに投資目的でなく資産の安全な保有を目的に金を買う場合では、金貨や地金《じがね》（金属を貯蔵しやすい形にしたもの）を田中貴金属など一部の貴金属店で買うより、商品先物証券会社で金先物で買って、「現受け」、つまり現物の金を受け取ったほうが手数料（スプレッド）もないので安くすみます。

セオリー的には、資産防衛目的なら現物地金で持って、投機目的ならば先物という使い分けをすることになりますが、本書では金先物も金連動ETFもススメません。お金に働いてもらわなくて

は、“手堅く”お金は増えませんからね。

金《きん》は投資に向いていないんだカッパ

REIT

つづいてREIT《リート》です。REITは「Real Estate Investment Trust」の略で、不動産投資信託のことです。

REITは、**投資家から資金を集めてファンドをつくり、それを元手に商業施設や住宅を共同購入して貸し出し、利益を投資家に還元する**というスタイルです。バブルのときに流行ったマンション投資の拡大版みたいなものです。

マンション投資がひとつの物件だったのに対して、REITは複数の物件に分散投資しているので、より安全といえます。しかし、結局は不動産投機に近いレベルになってしまううえ、個人には資産性をはかる術がほとんどない、つまり株以上に個人投資家が分析するのがむずかしいので、あまりオススメしません。

危険を承知で手を出すのであれば、これも通常の株式と同様に証券会社で購入できます。

金融先物取引

さて、ここからさらにいくつかのデリバティブスについてご紹介していきましょう。デリバティブスとは、さきほども触れましたが日本語で金融派生商品、ざっくり言えば「株式や債券などからうまれた特別な商品や取引」です。金融先物、FX、オプション、カバードワラントの4つを紹介していきます。

まずは**金融先物取引**から。

さきほど金先物をふくむ商品先物についてふれましたが、金融商品にも先物があります。「225先物」の本を書店で見かけたことがある方も多いのではないでしょうか。これは、日経平均（日経225平均）の先物取引です。

日経平均を売買するというのは、ちょっと不思議ですが、どういうことでしょう？

これは、将来のある時点の日経平均の値の代金を受け取る権利を売買するという金融商品です。これから日経平均が上がるならば事前に買えば利益になりますし、下がるならば事前に売れば利益になります。

つまり、225先物買いならば将来のある時点の日経平均の値の代金を受け取る権利を現在の価格で買うということですね。「**日経225mini先物**」の登場で10万円程度からトレードできるようになったのがブームのきっかけです。

国内先物では他に**日経300先物**や**TOPIX先物**などがあり、TOPIX先物に関してはミニもあります。通常の先物取引は100万円前後の証拠金からはじめられ、ミニになると10万円程度から始められます。手数料はミニの場合で片道100円程度にまで下がってきています。

ちなみに米国に証券口座を開くと、ダウやNASDAQ、S＆P500なんかの先物も取引できます。いずれもレバレッジの高い商品です。

FX

次はＦＸ《エフエツクス》です。これはもう、投機の王様みたいな存在です。

FXは「**Foreign eXchange**」の略で、「**外国為替証拠金取引**」のことです。レバレッジをかけて通貨の売買をおこない、利益をあげようとするものです。

さきほどの先物でも“証拠金取引”という言葉がでてきましたが、先物と同じくとても高いレバレッジをかけて取引することができるので、投機対象としてとても人気があります。

為替のところでさんざん説明しましたが、外国為替にはファンダメンタルズ（P.65）の影響がイマイチわかりにくいので、とても予測がしづらく、“投資”にはまったく向きません。生半可な勉強で手を出すのは絶対にやめましょう。

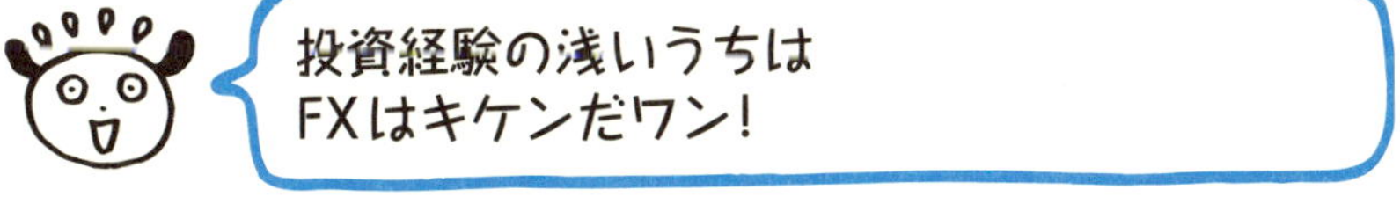

ちなみに、FXの売買対象を通貨ではなく、さらに他の金融商品

にまでひろげたのが**CFD**（Contract for Difference, 差金決済取引[※3]）です。たとえば、先物と同じように日経平均も取引されますし、ダウなど海外の指数も売買できます。先物との違いは、受渡し期限がないことですが、これも投機です。

興味があれば、FXを取り扱っている証券会社や、外為どっとこむなど専門の業者に口座を開けます。価格競争が激化しているので、手数料は一万通貨単位あたり片道100円程度からとなっています。

オプション／カバードワラント

デリバティブスの紹介、最後は**オプション**についてです。

オプションとは、選択権のことで、ある時点までにある金融商品をある価格で「買うことのできる権利」「売ることのできる権利」のことです。前者を**コール・オプション**、後者を**プット・オプション**と言います。

たとえば、日経平均が8,000円のときに、行使価格が7,000円のプット・オプションを買っておけば、日経平均が6,000円になったときに1,000円分の利益が手にできるという仕組みです。損失が限定されているので初心者向けといわれることも多いですが、安定的に利益をあげていくには、複数の先物とオプションの複雑な合成ポジションをとったりなどと、高度なテクニックを要します。

ちなみに日経225オプションならば、日経平均先物を扱ってい

※3_購入額と売却額を相殺して、差額代金のみをやりとりすること。

る会社なら大抵扱っています。証拠金も10万円程度あればはじめられるでしょう。手数料は片道210円のものが多いです。

また、**カバードワラント**もオプションの一種です。普通のオプションとちがってショート・ポジションがとれないのが難点です。

個人向けではゴールドマン・サックスが提供しているカバード・ワラントであるeワラントで数千円から投資をすることができます。これもカブドットコム証券やクリック証券など、一部の証券会社で取り扱われています。手数料も105円からです。

この程度ならば失敗しても笑える額なので（投資としてはとても不利に設計されていますが）、経済動向予測に自信がある方はチャレンジしてみてはいかがでしょうか。

ちょこっとコラム

「投信王」のお話

日興アセットマネジメントが主催する「投信王」は、仮想運用資金10億円を元手にして国内株式ポートフォリオを一銘柄あたり最大10％を上限に組み、パフォーマンスを競い合うファンド運用シミュレーションコンペです。今や懐かしいリーマン・ショック以前の2008年夏、学生対抗戦も開催されるというので、我がサークルAgentsも個人・団体で出場しました。結果はまえがきの通り、僕が夏の陣投信王1位・学生投信王個人1位、Agentsが学生投信王団体1位と、三冠を取らせていただきました。

2008年度の「学生投信王」副賞は日興アセットマネジメントのインターンシップに参加できるというもので、実務経験のない僕にはとても刺激的でした。参加費は無料なので是非参加してみてください。

投信王　http://toshinou.jp/

金、REIT、デリバティブスのまとめ

- 金は資産性が高い
- 商品の受渡しの前に代金だけ先にやりとりするのが「先物取引」
- 金先物や金連動ETFもある
- REITとは不動産投資信託のこと
- 金融商品先物取引という特別な取引がある
- FXとはレバレッジをかけた通貨の売買のこと
- ある時点までにある金融商品をある価格で買う権利が「コール・オプション」、売る権利が「プット・オプション」

金、REIT、デリバティブス

投資オススメ度 1

※本書の目的は「金融リテラシーを高め」、「リスクの大きくない堅実な投資商品を知る」ことですので、この章で紹介したものは“本書の読者の方には”オススメしません。

PART.2

ポートフォリオはこう組もう！

いろんな金融商品がわかったら、次は実際に商品の購入です！　といっても具体的にどう買えばいいのか、迷いますよね。第2部ではそんなお悩み解決のお手伝いをします。

ポートフォリオの組み方

さて、ここからは資産ポートフォリオの組み方について見ていきましょう。

今までは株式だったらどんな株式を、債券だったらどんな債券を買っていけばいいのかという話でしたが、ここではそれらをどのくらいの比率で持てばいいのかという解説をします。

実際の運用例を見ながら自分のポートフォリオを考えていきましょう。

我々のまわりの「運用」

我々のお金というのは、知らず知らずのうちに様々なかたちで運用されています。たとえば、銀行はいろいろな人にお金を貸しますが、自分たちの資産を増やすために債券を買ったりもします。損害保険会社は株式を買ってそこから利益を得ようとしますし、公的年金・企業年金においてもたくさんの債券や株式が買われています。

ですから、これらの運用状況を見ていけば、自分がどういったポートフォリオを組んでいけばいいのか、逆にどういうポートフォリオが危険なのか、おのずとわかってくるはずです。

ここで登場してもらう運用主体は、僕もお世話になっている**東京大学**、公的年金を運用している**年金積立金管理運用独立行政法人（GPIF）**、政府系ファンドとして名高い**ノルウェー石油基金（GPFG）**、そしてある**著名なエコノミスト**の提案するポートフォリオです。

リスクとしては東大が一番低く、公的年金、ノルウェー石油基金、エコノミストの順に段々と高くなってきます。それでは、見ていきましょう。

東京大学のポートフォリオ

東京大学をはじめ、2004年度から「国立大学法人」として国から独立となった国立大学は、自由に予算の配分がおこなえるようにと基金をつくるようになりました。東大の場合は、東京大学基金という基金（ファンド）を運用しています。

それらのほとんどは、国債、債券、特約定期、金銭信託など、全て満期保有目的の円建ての預金か債券で運用されているようですから、堅いですね。

投資というと、どうしても株式のようなリスク商品をもたなくてはいけないイメージがありますが、僕としてはこういった国内債券中心のポートフォリオでもかまわないと思います。そして、このような債券中心のポートフォリオを組むならば、中期債を中心としたポートフォリオを組むのをオススメします。いまはゼロ金利の市況なので、短期では利回りが低すぎて十分なリターンは

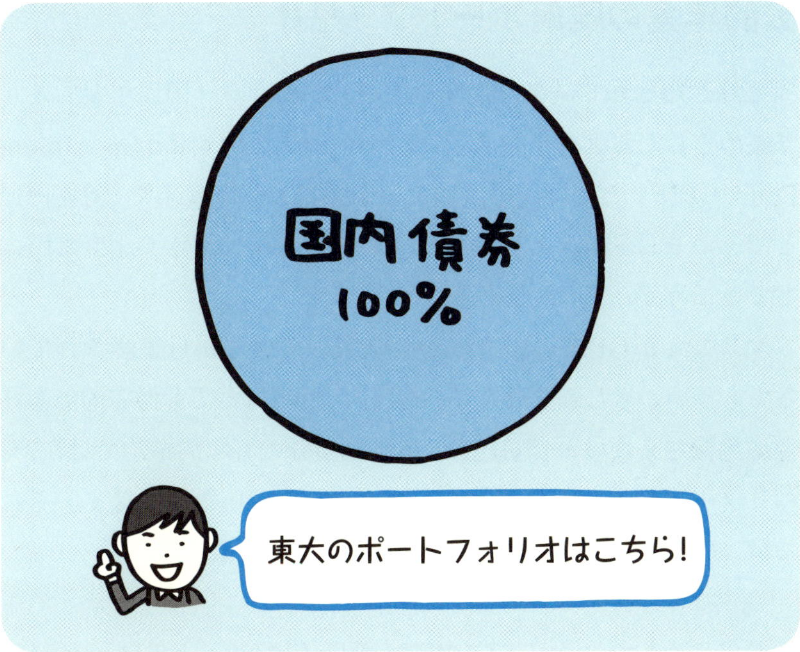

期待できませんから。

　あるいはなにも考えずに、国内債券インデックスのパッシブ型投信を買ってもいいかもしれません。ただ、その場合は満期がありませんので、売却するタイミングはむずかしいかもしれません。

　とにかく、生活と緊急時にそなえた必要最低限の現金をしっかり銀行などに確保したうえで、満期保有目的で債券を買っていきましょう。

公的年金の政府ポートフォリオ

意外と知られていないようですが、いわゆる「国民年金」として集められたお金も年金基金（Government Pension Investment Fund, GPIF）として運用されています。2008年度末で150兆円ほどで、いまは2割ほど目減りしているとの噂ですから120兆円ほどでしょうか。それでも巨額ですね。

マスコミがGPIFの損失ばかり強調しているから誤解されている方も多いかもしれませんが、GPIFの運用はとても保守的であり、金融危機さえなければGPIFの市場運用分の五年間平均では5.7％のリターンですからね、とてもうまくいっていたわけです。それでは、GPIFの資産ポートフォリオを見ていきましょう。

図でしめしたように、GPIFでは国内債券62％と外国債券11％の債券比率73％、国内株式15％と外国株式12％の株式比率27％ですね。7割債券、3割株式という感じです。また、国内と海外の比率で見てみると、国内商品77％：外国商品23％ですね。

東大のポートフォリオほどリスク回避的ではありませんが、これはとてもいいポートフォリオだと思います。さらにマーケットタイミング（P.91）で、株式比率を0～40％に機動的に変更できればいうことはありません。ここまで巨大になってくると、機動的な運用というのはむずかしいから、しょうがないという面はありますけれどね。

そんなに勉強せずに運用をおこなうというならば、東大のポー

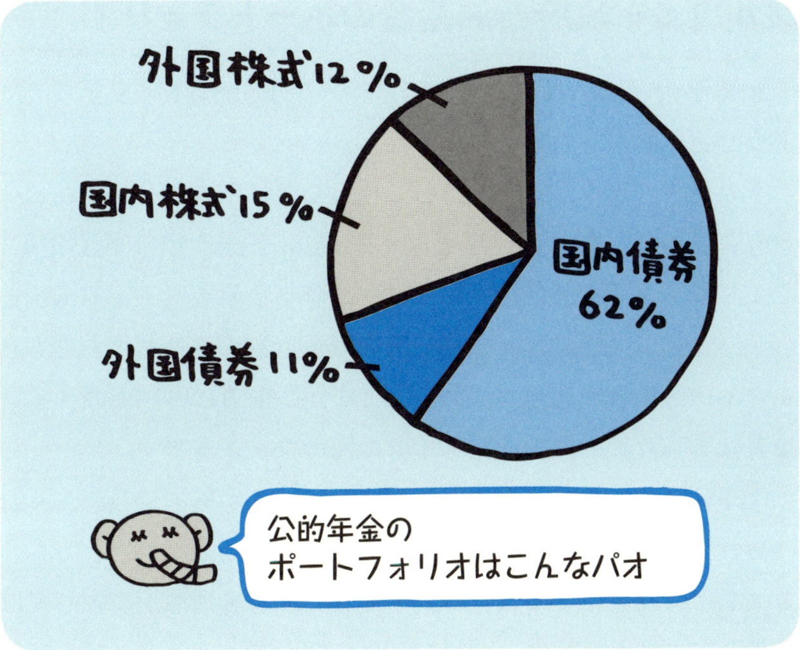

トフォリオからGPIFのポートフォリオくらいのバランスがちょうどいいと思います。資産運用はバクチではありません。堅実に結果をだしていけばいいのです。

こういった運用をしていくならば、やはりインデックス投資がいいでしょう。くりかえしになりますが、国内株式ならTOPIX、国内債券ならNOMURA-BPI、外国株式ならMSCI Kokusai、外国債券ならシティグループ世界国債インデックスあたりがいいでしょうね。外国商品の場合も、為替ヘッジをするかどうかでリスクを調整できます。

ノルウェー政府石油基金のポートフォリオ

2008年の初頭に日本でも政府系ファンド（SWF）を立ち上げようという話がもちあがりました。

そのとき、日本がモデルにしようとしていたのが、ノルウェー政府石油基金（The Government Pension Fund-Global, GPFG）です。似たような名前にノルウェー政府年金基金（The Government Pension Fund-Norway, GPF Norway）があり、どちらもノルウェー財務省が運用しているのですが、前者は外国商品メイン、後者はノルウェー国内商品メインの別のファンドです。

GPFGでは、基金の60%が外国株式、40%が外国債券にふりむけられています。株式比率が大きく全て外国商品なのでとてもリスクをとった運用ですね。株式・債券いずれも地域比率としては北米とアフリカで35%、欧州で50%、アジア・オセアニアで15%です。ノルウェーが欧州だからでしょうが、MSCIにくらべて欧州比率が高いですね。

さて、リスクをとったからには、それ以上に儲かっていなくてはいけないのですが、ここ10年間のパフォーマンスを見るかぎり、年平均4.25%とあまりパッとしません（5年間平均では6.4%）。為替変動をのぞくと5年で8.52%、10年で5.61%だそうですから、この場合は為替ヘッジしておいた方が利益があがったようですね。

とはいえ、これは2007年末の数字で、2008年末の結果は09年4月に公開されるのですが、株式比率が高いので今回の金融危機の痛手は日本の公的年金以上に被っているはずです。2007年末から

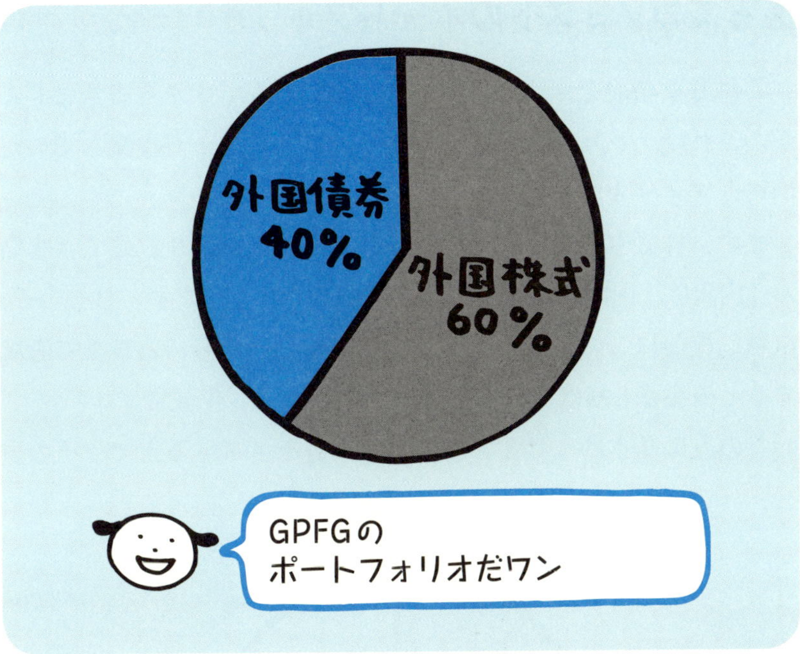

2008年末でノルウェー・クローナが対ドルで3割ちかく安くなっているので（ドル高クローナ安）、ノルウェー・クローナ・ベースでは悪くないパフォーマンスかもしれませんけれどね。

そういったわけで、このような、評価額の変動が大きくリスクの高いポートフォリオはあまりオススメしません。超過収益率（α）も10年間平均で0.4%ほどと少し（2007年は0.22%のマイナス）ですから、仮にGPFG型のポートフォリオを組むとしても、やはりパッシブ系のインデックスを買うにこしたことはないというのは同じです。運用は安心しておこないたいですよね。

あるエコノミストのポートフォリオ

具体的な名前をだすと怒られてしまいそうですから書きませんが、これはテレビなどで有名なあるエコノミストが提案していたポートフォリオです。

まず、株式100％。ここからして、僕はあんまり賛成できません。内訳は、国内株式40％、外国株式60％だそうです。おそらく、金融危機前にこのポートフォリオを組んでいたら、為替まで考慮すると資産が5割ほどになっていたでしょう。半減です。

この方は基本的にはインデックス投資をススメる人で、その方

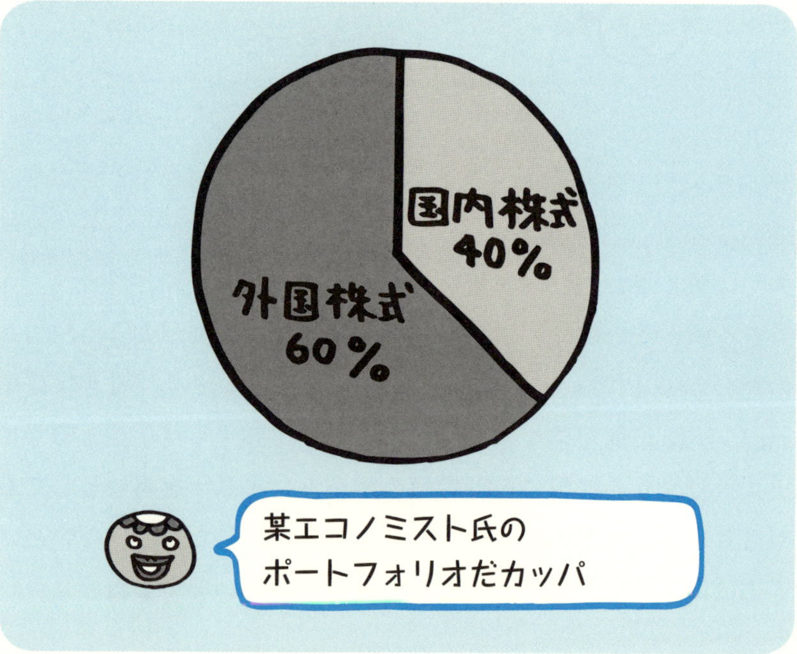

向性には僕も賛成なのですが、資産構成が株式中心なので安全性には心配が残る、というのが個人的な意見です。もちろん、上昇のタイミングをつかめば、リスクが高いぶん数倍になりえるポートフォリオですけどね。

最適なポートフォリオとは

以上、4つのポートフォリオを例にあげてみました。理想的なのは、景気の減速局面ではリスクが低いポートフォリオを、景気の回復局面ではリスクが高いポートフォリオを組むことです。

しかし、これを初心者がやるのはなかなかむずかしいかもしれません。固定されたポートフォリオを組むのなら、日本人ならやはり東大基金か公的年金とおなじようなポートフォリオを組むのが無難でしょう。外国商品比率はもっと低いか、ゼロでもかまわないと思います。

ところで、ポートフォリオ全体でのリスクとリターンのバランスを見るには「シャープレシオ」と呼ばれる専門的な指標が用いられます。ただちょっと面倒な計算ですし、ここではもうすこし簡便な方法で見てみます。

たとえば、100％中期日本国債運用ならば年利0.72％でしたね。また、100％米国株式（NASDAQ）だったら期待収益率は5.52％でした。それでは、70％中期日本国債、30％米国株式だったら……

$$0.72 \times 0.7 + 5.52 \times 0.3 = 2.160\%$$

で、2.160％と長期国債の倍くらいの期待収益率ですね。リターンとリスクはおよそ一致しますから、このポートフォリオは長期国債100％の場合の倍のリスクがある、と考えればわかりやすいでしょう。

しかし、繰り返しになりますが、これは学問的には邪道なので、あくまで“目安”として考えてみてください。

もちろん、どのようなリスクをとるかは読者のみなさんの自由です。自分の将来設計とあわせて、じっくりと考えてみてください。

PART.3
もりた流
お手軽情報収集術

債券がオススメ、パッシブがあんぜんなどいろいろお伝えしましたが、最後に頼りになるのはやっぱり自分で調べた「最新の状況」です。必要最低限の“お手軽”情報収集術をご紹介します。

金融の世界にふみいって、まず驚くのがその情報の変化の早さです。

ほかの業界、たとえば流行の移り変わりが激しいと言われているファッション業界や常に最新の技術を追い求めている電機業界でも、一日や二日で大きく風向きが変わるということはありません。どんな流行も、在庫の関係でワンシーズンはつづくようにできていますからね。ですから、そのシーズンのトレンドさえおさえておけば、すくなくとも乗り遅れるということはないんじゃないかなと思います。

しかし、金融の世界はいつも突然に変化します。リーマン・ショックのあのダイナミックさを目の当たりにした皆さんだったら、いかに数日で世界がドラスティックに変わるかを肌で感じられたと思います。きちんと情報にふれておかないと、あっという間にとり残されてしまいます。

金融の世界はいそがしいカッパ!

ですから、だれもが耳をとぎすませ、マーケットの変化を感じとろうとします。上昇する雰囲気をつかんだら価格が上がるまえに買わなければ利益になりませんし、下落するとなればすぐに売りぬけなければなりません。財務諸表など公式情報のマーケットへの反映は、数秒から数分のあいだだと言われています。

もう、インターネット全盛の現在では1日おくれてやってくる新聞でさえ遅い情報なのですね。

というわけで、この章では、膨大な情報のなかから必要な情報をさがしだす方法や、それらの情報をできるだけ早く確認したりする方法についてお話ししようと思います。

株式情報はどこで見る？

本書では個別銘柄の売買はあまりススメていないのですが、金融リテラシーを高めるためにも、株式情報の見方のABCくらいは知っておいて損はないでしょう。投資信託は株の寄せ集めですし、このあたりのデータに対するアレルギーをなくしておくだけでも大きな意味があります。

また、世界の金融情勢とのかかわりなども、実際に数字で見てみれば本書の解説がぐっと身近に感じられてくると思います。

財務情報については企業サイトの「ＩＲ《アイアール》情報[※1]」を見れば決算短信も有価証券報告書にのっていますし、各証券会社も豊富な情報を開示しています。ここでは無料情報の代表として「Yahoo!ファイナンス」の読み方を紹介していくことにします。

※1_投資家向けの企業の情報のこと。

●インターネットで見る株式情報── Yahoo!JAPANファイナンス

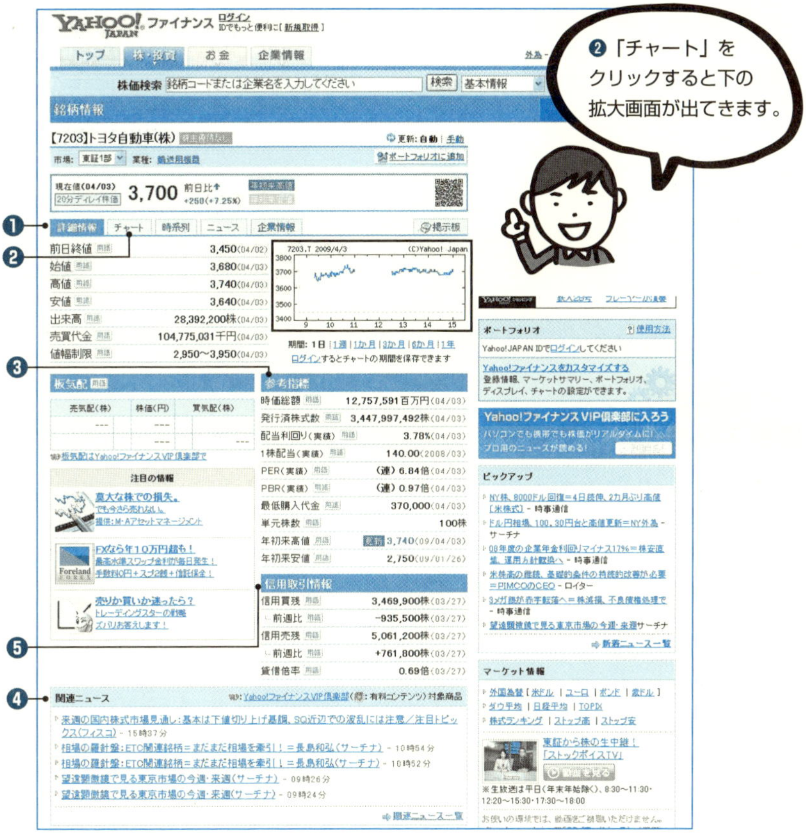

Yahoo!JAPANファイナンス、個別銘柄の株式情報ページ。❶から❹について詳しくは次ページ。

※Yahoo!JAPANファイナンス銘柄情報より（2009年4月3日時点）

❷「チャート」をクリックすると右の画面が出てきます。
上段は株価の動き、下段は売買量を表しています。ローソクのような棒についてはP.214のコラムへ。

さっそくですが、前ページの画面はYahoo!ファイナンス内のトヨタ自動車の個別銘柄情報のページです。まずおさえたい大基本が❶～❺の5つです。

❶詳細情報

前日終値と当日の値動きが一覧できる。

❷チャート

日々の値動きをグラフ化したもの。およその価格動向はわかるが、分析にはテクニカル（P.65）分析の知識が必須。

❸参考指標

PERをふくむ各種のファンダメンタルズ的指標。

❹銘柄関連ニュース

その銘柄に関連したニュース。

❺信用取引情報

需給要因の一つの信用売買状況。

この5つをどう見るのか、つづけてより詳しく見ていきます。

株価情報サイトでひろえる情報の3つのポイント

新聞に書いてあるのは前日の価格情報のみですが、Yahoo!ファイナンスなど株式情報サイトでは必要最低限の情報をひととおりひろうことができます。

個別銘柄でおさえておきたいのは、**マクロ要因・ミクロ要因・**

需給要因の3点です。

マクロ要因は、企業の外部環境のことです。その企業の情報だけではなく、同業他社や関連業種の動向までは確認しておこう、ということです。前ページの「❹銘柄関連ニュース」にあたります。

株は個別情報だけを見ればいいわけでなく、全体の中で捉《とら》えることが重要です。相対評価をしようということですね。他社が新商品を開発していないか。新店舗オープンの動きはないか。いくら自社ががんばっても、他社がそれ以上にすごいことをやれば、相対的には負けてしまいますからね。

ニュースサイトでは、自分の持っている銘柄に関することだけでなく、経済関連ニュース全体に目を通すことが重要といわれるのはこういった理由からです。

ミクロ要因は、その企業固有の経営情報になります。具体的には「❸参考指標」などになります。ここはすこしだけ詳しく読み方を確認していきましょう。

次ページの画面はさきほどのトヨタ自動車のページの「参考指標」を拡大したものです。

参考指標	
A 時価総額 用語	12,757,591百万円(04/03)
発行済株式数 用語	3,447,997,492株(04/03)
B 配当利回り(実績) 用語	3.78%(04/03)
1株配当(実績) 用語	140.00(2008/03)
C PER(実績) 用語	(連) 6.84倍(04/03)
D PBR(実績) 用語	(連) 0.97倍(04/03)
E 最低購入代金 用語	370,000(04/03)
単元株数 用語	100株
年初来高値 用語	更新 3,740(09/04/03)
年初来安値 用語	2,750(09/01/26)

まず「**A：時価総額**」です。現在の値段で発行済み株式を全部買い取ったらいくらになるかという数値です。もちろん、実際には全ての株が売りに出されているわけではないし、買っていけば値段も上がるので便宜上ある架空の数値ですが、一応「会社の値段」ということになっています。

「**B：配当利回り**」とは、文字通り配当を収益率に直すと何パーセントになるのか？という数字です。これは株価で前期の「一株当たり配当」を割って出します。配当とは、利益の中でも自社の事業に再投資しないで、投資家に現金として直接わたす分でしたね。こういった配当益をねらってもいいのですが、基本的に株で利益をあげるには値上がり益を狙わなくてはならないので、あまり気にしなくてもかまわないでしょう。

「**C：PER(実績)**」はいいですね。見ての通りの実績PERです。あやうい方は「株式」の章をもういちど復習してみてください。

「**D：PBR(実績)**」とは**純資産倍率**のことで、これは今日会社を清算したらもらえる額を1としたとき、株価が何倍の水準にあるのかをしめすものです。たとえば、一株当たりの純資産が100円ある企業の株価が200円ならばPBRは2倍ですね。一応、こうやって考えれば、PBRが1倍以下にあれば実際の価値より割安なわけで、その企業は「買い」といわれるのですが、そこまでアテにはできません。現在では日経平均全体のPBRが1倍以下ということが常態化しているありさまです。

「Ⓔ：**最低購入代金**」は、文字どおり単元あたりの値段です。単元とは最低の購入単位のことで、トヨタ自動車の場合なら100株が単元株数です。ちなみに、このような不可思議な制度は米国にはありませんので、米国ではどのような株も一株から買えます。

最後に**需給要因**ですね。

具体的には「❷チャート」や「❺信用取引情報」がこれにあたります。

本書の守備範囲外なので深入りはしませんが、チャートの示す価格や出来高（売買高）推移から今後の株価を予測しようとするのがテクニカル分析です。そして買いたい人と売りたい人がどれだけいるか、つまり需給動向を見てそこから売買するのですね。

また、信用取引情報はどのていどの株式数が信用取引により売買されているのかをしめします。信用取引情報は“短期筋”とよばれる短期売買をおこなっている投資家の動向を知る術になるので、相場に強くなってくるとこれを読み解いて需給動向を予測することもできます。

ちょこっとコラム

ローソク足の見方

チャートの中にあるローソクのような棒は「ローソク足《あし》」と呼ばれていて、これ一本でその日の取引の始値、終値、安値、高値がわかります。

終値が始値より高い場合は、白抜きで、終値のほうが低い場合は黒塗りつぶしになり、白の方は陽線、黒のほうは陰線と呼ばれます。(陽線・陰線の色に特にルールはありません)

チャートを見るときの基本ですので、覚えておきましょう。

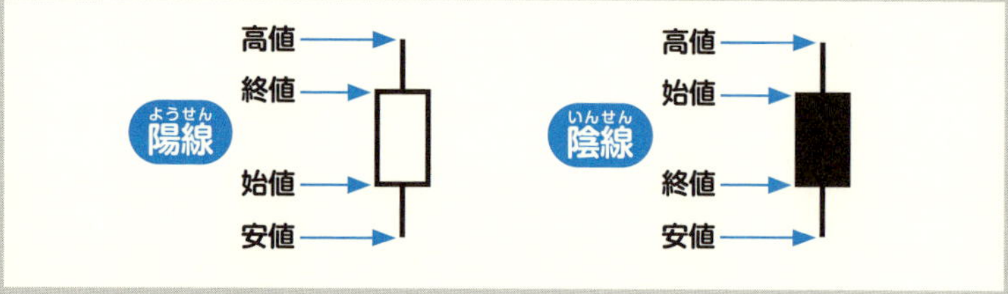

ニュースの見方と統計の探し方

さて、本書もおわりに近づいてきましたが、最後に経済ニュースはどういったものから見ていけばいいのかというお話をしようと思います。

まずは日本語情報から。

教養のために経済を学ぶならば日経新聞をとるだけでもいいでしょうが、より深い視点で投資をおこなうにはそれではちょっと情報が遅すぎますし、情報もかたよりすぎています。

金融関係者がつかっている有料情報端末は「**日経QUICK**」のほかには、「**ロイター**」や「**Bloomberg**《ブルームバーグ》」が多いです。Bloombergは1980年代にあらわれた新興メディアですが、ウワサでは日銀もBloomberg端末を利用しているらしく、それほどメジャーになってきています。（これら情報端末は個人で契約する場合、日経QUICKで月5万～6万円、Bloombergで月26万円ほどと言われています。“プロ仕様”の端末ですね）

これらの企業はニュースに関しては無料で配信していますから、日本語のマーケット情報はBloombergを軸に、政治や国際会議など国際報道記事はロイターでという使いわけがいいでしょう。**日《にっ》中《ちゅう》**（日本時間の取引中）では、日経新聞の情報も速いです。

はっきり言って、Bloombergやロイターの専門性はかなり強いです。僕も日経新聞の内容はだいたいわかるからとこれらの媒体を読みはじめたのですが、最初のころはちんぷんかんぷんでした。しかし、わからないところを自分で調べて、それでもわからないときは入門書を読んで……を繰り返すうちに、段々とわかるようになりました。

少しでも利益をうみだしたいのなら「継続は力なり」です。量が多くて大変ならば、ロイターの**マーケットアイ**あたりから読みはじめるのがいいかもしれません。勉強するためのコラムとしては「**ダイヤモンド・オンライン**」などもオススメです。

つづいて英語情報です。

日本語ならばBloombergだけでもあるていど米国投資家の視点はわかってくるのですが、それでは遅いと感じることもあります。そういったときは**英語版のBloomberg**がオススメです。

また、Bloombergのほかには、「**ヘラルド・トリビューン**」や「**フィナンシャル・タイムズ**」なんかもオススメです。どちらも英語ですが、仏系だったり英系だったりするので、米国以外の視点からもマーケットを見ることができます。

とはいえ、僕は英語の勉強がてらやっている面があります。ある欧州系の投資銀行に行ったOBに言ったら「そこまではやっていない……」ということでしたので、こんなに読む必要もないのかもしれませんけどね。

さらなるステップアップのために

いろいろと書いてきましたが、まずやるのは自分で金融商品を買うところからです。もちろん、全部がうまくいくということは絶対にありませんから、損をしてしまったときに「どうして損をしてしまったのだろう」と必死に勉強していけば、自然と経済は身についていきます。

とにかく、まずはなにかを買ってみて、毎日その商品の値段を確認してみることからはじめましょう。投資を「金儲け」だと感じてしまって、「金儲けは汚い」といった投資アレルギーをもってしまうと必死になってがんばることは守銭奴のようですが、投資の利益を「経済を勉強して、予想があたったときのご褒美《ほうび》」と考えれば、日々の運用もきっと楽しくなるはずです。がんばってみてください。

Good Luck!

便利なホームページ一覧

日本語のサイト

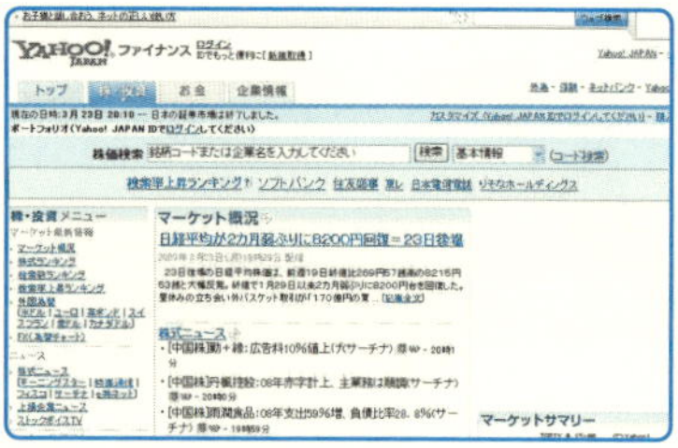

Yahoo! JAPANファイナンス（日本株情報）

http://quote.yahoo.co.jp/

言わずと知れた超有名サイト。各銘柄の掲示板は個人投資家でにぎわう。株式、為替、投信など、資産運用に関するあらゆる情報を見ることができる。

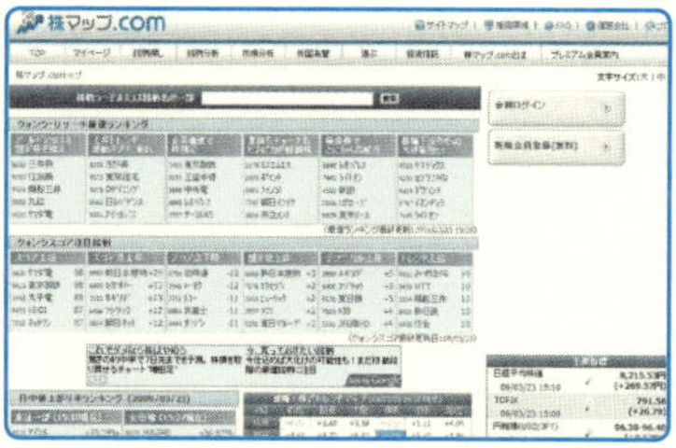

株マップ.com（日本株情報）

http://jp.kabumap.com/

Yahoo!などと大差があるわけではないが、独自に集計しているためか、やや詳しい需給要因にふれていたりする。無料情報としてはありがたい。

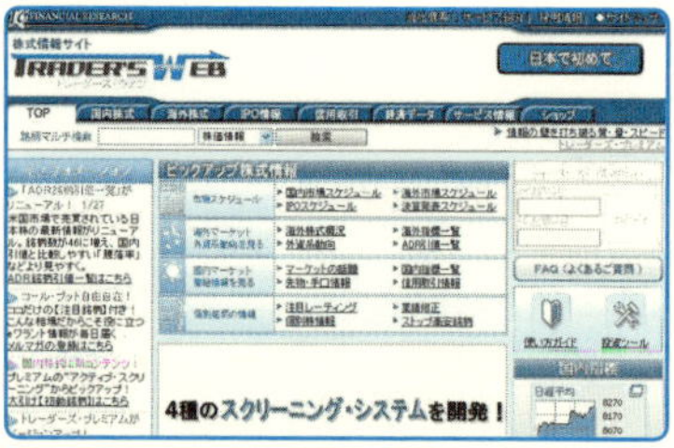

トレーダーズ・ウェブ（日本株情報）

http://www.traders.co.jp/

業種別や外資系の動向・先物の情報などやや高度な需給要因を知りたくなったときに使える。

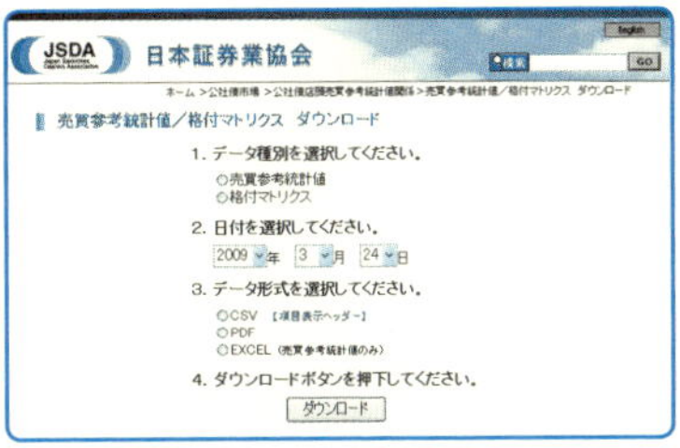

日本証券業協会（日本債券情報）

http://market.jsda.or.jp/html/saiken/kehai/downloadInput.php

債券価格情報。無料で手に入るものとしては恐らく唯一の情報源。とはいえ、参考値なので実体と乖離することもあるし、個人向け債券を発行していない機関のものが大半。

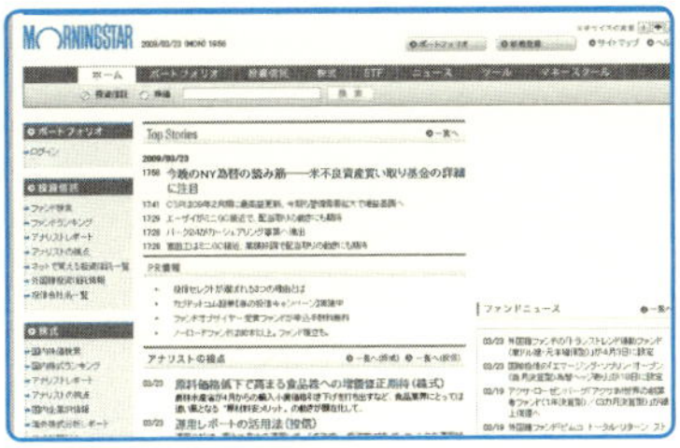

モーニングスター（日本株・投信情報）

http://www.morningstar.co.jp/

投資信託情報としては随一。株式情報も財務情報がいろいろと視覚的にわかりやすい形で加工されており、銘柄調査のとっかかりにはなりやすい。

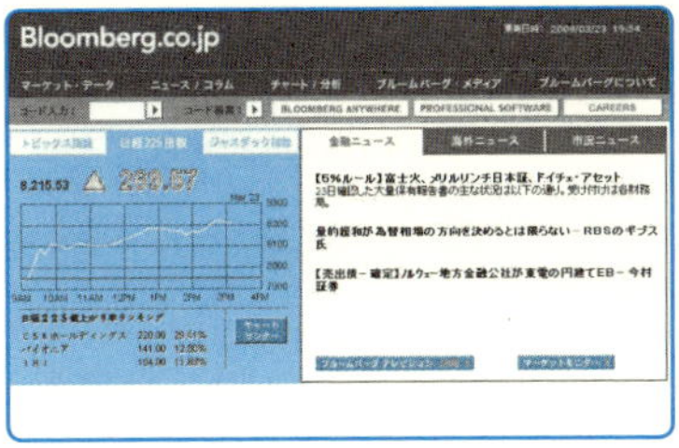

ブルームバーグ（ニュース）

http://www.bloomberg.co.jp/

プロ御用達の情報サービス企業。無料でもニュースの品質は最も高い。月26万円ほどとウワサされる有料サービス（基本的には法人向け）に申し込めば、統計情報や海外の価格情報など必要なデータはほとんど全て網羅できる。個人投資家の夢。

ロイター（ニュース）

http://jp.reuters.com/

情報通信社の長。市況速報など、全体を俯瞰するのにとても便利。

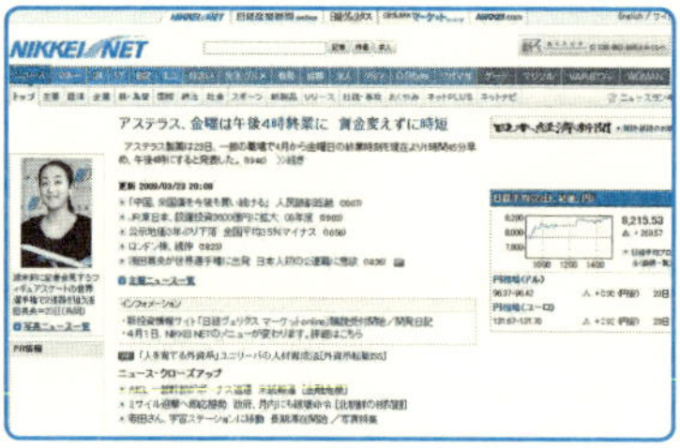

NIKKEI NET（ニュース）

http://www.nikkei.co.jp/

我らが日経新聞。日本語のニュースは基本的にはBloombergとロイターで十分ともいえるが、国内の視点でものを見たいときに使う。日経に報じられたら、話としては「もう終わり」で、それから行動をおこしても遅すぎる。ただ、紙媒体の社説やコラムは興味深く、国内情報の把握に役立つ。国内情報に関しては最も速い。国際情報はやや遅い。

英語のサイト

Yahoo! Finance（米株・債券情報）

http://finance.yahoo.com/

米国のYahoo!ファイナンス。世界中の指数、米国内の株価・債券・為替情報が一通りそろう。時系列データがダウンロードできるので、統計処理をしたいときには重宝する。テクニカル分析ツールもあるが、そこまで高機能なわけではない。

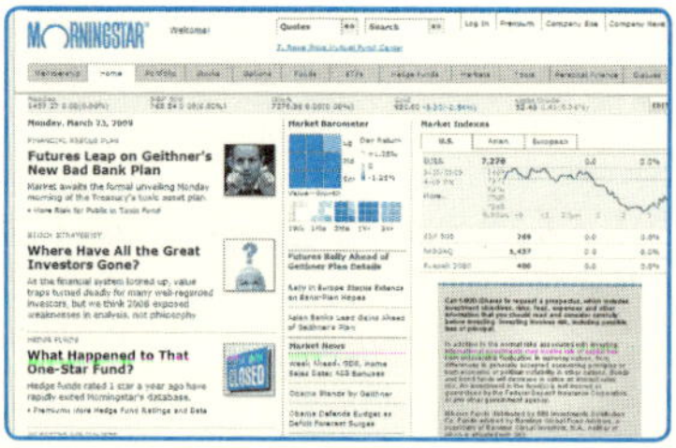

Morningstar（米株・米国投信情報）

http://www.morningstar.com/

本文でも紹介したモーニングスターの本家サイト。投信情報としてはやはり随一。株式情報としては、日本サイトと同じく財務情報にふれやすいのが長所。

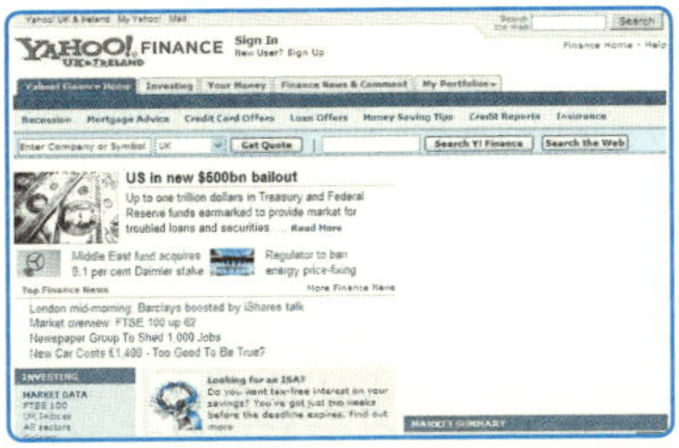

Yahoo! UK & Ireland Finance（欧州株情報）

http://uk.finance.yahoo.com/

英国のYahoo!ファイナンス。無料でヨーロッパ圏の株価を英語で網羅できる意義は大きい（米Yahoo!でもできるが、こちらの方が検索しやすい）。米Yahoo!同様、時系列データもダウンロードできる。

Bloomberg.com（ニュース）

http://www.bloomberg.com/

基本的には日本のBloombergのサイトより情報が速く、提供されている市況情報も多い。Breaking Newsを読んでいるだけでも、米国内で起こっていることは大体把握できる。

International Herald Tribune（ニュース）

http://www.iht.com/

ヘラルド・トリビューン紙のサイト。英字新聞なのに本部がパリにあるという、複雑な歴史をもつ金融系国際報道機関。国際ニュースに詳しい。

The Financial Times（ニュース）

http://www.ft.com/

フィナンシャル・タイムズのサイト。イギリス資本の国際金融報道機関。FTSE（英国の株価指数）を算出しているので、イメージとしては「イギリスの日経新聞」。同じ英語でも米国以外の視点から読めるのがポイント。

あとがき

原稿を進めるにあたりずっと僕が大事にしていたのは「金融について学びはじめたときの気持ち」でした。その気持ちにはふたつあります。

まずは「楽しかった気持ち」。単に暗記するのでなく、本質的な仕組みを理解する楽しさをみなさんにも感じていただければ、そう思って書きました。

そしてもうひとつ「歯がゆかった気持ち」。金融や投資の本は、口あたりの良い入門書は表面的で似たような内容のものしかなく、数式だらけ用語だらけの専門書の敷居は高すぎる……と初学者にはキツい状況にあります。

そのギャップを少しでも埋められたらな、そう願って筆を進めました。

いかがだったでしょうか?

さて、内容についてですが、株式投資の実績を売りにしている筆者が書いているのに債券をオススメするという特異な本になってしまいました。それでも、貯金が美徳となっている僕たち日本人のメンタリティーに合うのはやっぱり債券なのかなと思います。僕も貯金は好きですしね。

とにもかくにも、市況の善し悪しにかかわらず、投資を始めるにあたっては、まず金融リテラシーを高め、そのうえで自分に合った商品を選ぶというプロセスが重要だということは本書を通しておわかりいただけたと思います。

金融危機で値段が下がっている株式や外国通貨が今こそ買いだ! という狂信的な本も出ていますが、1年以内の景気回復を示唆する指標はいくつか出ているとはいえ、世界恐慌という歴史に学べば、機動的な判断の修正が難しいビギナーの個人投資家がここでリスクを取るのにはあまり賛同できません。

本当に深いところではみなさんに「株の面白さ」を知ってほしい気持ちも強いのですが、それはまたの機会に譲ります。

結びにひとつだけ堅いことを言いますが、学問の本質は“学び続けること”にあると思います。また、経済学は本来的には「幸せの学問」、限られた資源や財産の中で全ての人々が最大限幸せになれる方法を模索する学問であるはずですし、またそうあるべきです。

ですから、本書を読んで幸せになられた方がいたら、それ自体も喜ばしいことですが、これをきっかけに今後さらに金融についての学びを深めていただければ、僕としては嬉しいことこの上ありません。

不完全ゆえに、いまだすべての人を幸せにすることは叶わぬ経済学ですが、いつの日か、すべての人が等しく学び、その利益を享受できる幸福な日々が訪れることを祈りながら、筆を置こうと思います。

謝辞

……と、格好良く終わらせたいところですが、筆を置く前に本書の執筆に携わっていただいた人たちへの謝辞を述べさせていただきます。

まず、何の実績もない学生に本を書く機会を提供していただいた宝島社の向笠公威様、大変ありがとうございました。本当に感謝しております。同じく宝島社の長岡聖子様には、細《こま》かなデータの整理や掲載許可関係の交渉でかなり助けていただきました。

また、小難しい原稿がわかりやすくなるように推敲をお手伝いいただいた小嶋優子様、ありがとうございました。

それから、元英系銀行デリバティブ・ディーラーの高山剛様、元米系銀行債券ディーラー・現二段波動研究会※1会長の宮地鉄工様、アマチュア個人投資家の宮坂朋宏様、知り合ってから日が浅いのにもかかわらず、お忙しい中、未熟な僕の原稿をチェックし、さらには長い時間をかけて叱咤激励までしていただいて本当にありがとうございました。

また、Agents顧問・トレーダーの虎仁様、Agents OB・米系投資銀行勤務の竹入敬蔵様をはじめとした先輩方も、原稿チェックの他、各種助言までしていただき大変感謝しております。

それから、東京大学株式投資クラブAgents※2のメンバーのみん

※1_二段波動研究会── http://2wt.jp
※2_東京大学株式投資クラブAgents ── http://ut-agents.com/

な、その他の友人諸君、夜中に突然電話して原稿読めだのこの表現は理解できるかだの相談を強要して迷惑をかけました。

最後に、素人代表として最初期から原稿チェックに携わってくれた我が家の皆さんもありがとう。

本書は、このような義理と人情にあふれる皆様のご厚意と、僕の冬休みと春休みを捧げた結果、やっと日の目を見ることとなりました。

もちろん、このあとがきを読んでいただいている読者のみなさんが、本書を買ってくれたおかげでもありますね。

ご精読、ありがとうございました。

2009年3月吉日　森田徹

必要資金別 金融商品早わかり一覧

1円・1ドル～

P.25	円銀行預金	⯨	(手)0円	(言)日本語	(購)◎国内銀行各社
P.136	外貨預金	★	(手)0円	(言)日本語	(購)◎国内外銀行各社
P.116	円建てMMF・MRF	⯨	(手)0円～	(言)日本語	(購)◎証券各社、◎ネット証券各社
P.172	外貨建てMMF・MRF	★	(手)0円～	(言)日本語	(購)◎証券各社、◎ネット証券各社

1000円～

P.182	金現物		(手)0円（※スプレッド3%）	(言)日本語	(購)◎田中貴金属など

1万円～

P.57	国内株式	★★★	(手)100円～	(言)日本語	(購)◎証券各社、◎ネット証券各社、◎Interactive Brokers
P.78	国内株式連動型ETF	★★★	(手)0円～	(言)日本語	(購)◎証券各社、◎ネット証券各社、◎Interactive Brokers
P.34	日本国債	★	(手)0円～	(言)日本語	(購)◎証券各社、◎一部ネット証券、◎銀行・郵便局
P.25	個人向け国債（日本国債）	★	(手)0円～	(言)日本語	(購)◎証券各社、◎一部ネット証券、◎銀行・郵便局
P.103	国内投資信託／株式型（ETF以外）	★★★	(手)0円～	(言)日本語	(購)○証券各社、○ネット証券各社
P.116	国内投資信託／債券型（MMF・MRF以外）	★★	(手)0円～	(言)日本語	(購)○証券各社、△ネット証券各社
P.186	金先物（金ミニ）	★★★★	片道500円～	(言)日本語	(購)△Interactive Brokers、◎商品先物証券会社
P.186	金ETF		(手)片道100円～	(言)日本語	(購)◎証券各社、◎ネット証券各社、△米国ネット証券（米国ETF）
P.189	FX	★★★★	(手)片道100円～(※スプレッドとして)	(言)日本語	(購)◎証券各社、◎ネット証券各社、◎Interactive Brokers
P.191	eワラント	★★★★★	片道100円～	(言)日本語	(購)◎ネット証券各社

P.187 J-REIT	★★★	片道100円～	(言) 日本語	(購) ◎証券各社、◎ネット証券各社、◎Interactive Brokers
P.164 米国株式	★★★½	(手) 0円～（米国では片道10ドルが相場）	(言) 日本語・英語	(購) △証券各社、△ネット証券各社、◎Interactive Brokers
P.166 欧州株式	★★★½	(手) 0円～	(言) 日本語・英語	(購) △証券各社、△ネット証券各社、◎Interactive Brokers
P.167 アジア株式	★★★★	(手) 0円～	(言) 日本語・英語	(購) △証券各社、△ネット証券各社、◎Interactive Brokers
P.162 世界株式（ETF）	★★★	(手) 0円～（米国では片道10ドルが相場）	(言) 英語・一部日本語	(購) △一部証券（ネット不可）、△ネット証券各社、◎Interactive Brokers、○E*TRADE
P.170 外国投資信託／株式型	★★★	(手) 0円～	(言) 日本語・英語	(購) ○証券各社、○ネット証券各社、○Interactive Brokers
P.186 白金先物（白金ミニ）	★★★★	(手) 1枚片道50円～	(言) 日本語	(購) ◎商品先物証券会社
P.170 外国投資信託／債券型（MMF・MRF以外）	★½	(手) 0円～	(言) 日本語・英語	(購) ○証券各社、○ネット証券各社、○Interactive Brokers

10万円～

P.145 外国国債	★½	(手) 0円～	(言) 日本語	(購) ○証券各社、△ネット証券各社
P.151 米国公社債	★★½	(手) 1ドル～	(言) 英語・一部日本語	(購) △一部証券、◎Interactive Brokers、◎米国ネット証券
P.188 225先物ミニ	★★★★	(手) 1枚片道105円～	(言) 日本語	(購) ◎ネット証券各社、◎Interactive Brokers

100万円～

P.46 投資適格公社債	★★	(手) 0円（※スプレッドあり）	(言) 日本語	(購) △証券各社（法人向けならすべて）、△一部ネット証券
P.188 225先物	★★★★	(手) 1枚片道350円～	(言) 日本語	(購) ◎ネット証券各社、◎Interactive Brokers

1億円～

P.48 投機格公社債	★★★★	(手) 0円（※スプレッドあり）	(言) 日本語	(購) △証券各社（法人向けならすべて）

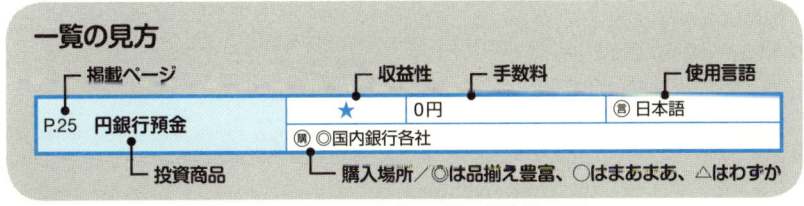

一覧の見方

掲載ページ／投資商品	収益性	手数料	使用言語	購入場所／◎は品揃え豊富、○はまあまあ、△はわずか
P.25 円銀行預金	★	0円	(言) 日本語	(購) ◎国内銀行各社

●金額はおよその目安です　※スプレッド…売値と買値の価格差のこと

さくいん

アルファベット

記号ほか

東大生が教える
1万円からのあんぜん投資入門

2009年5月11日　第1刷発行

著者_森田 徹

発行人_蓮見清一
発行所_株式会社宝島社
〒102-8388　東京都千代田区一番町25番地
営業_03-3234-4621
編集_03-3239-3193
http://tkj.jp

郵便振替　00170-1-170829　㈱宝島社

印刷製本_図書印刷株式会社

Printed in Japan
ISBN 978-4-7966-6884-2